Le Grand Livre de la Cuisine

GALLIMARD JEUNESSE

POUR L'ÉDITION ORIGINALE

Maquette Sonia Moore
Édition Carrie Love
Graphisme Clare Marshall
Assistants graphistes Jane Ewart, Gemma Fletcher,
Ria Holland, Jessica Bentall, Claire Patane et Charlotte Bull
Assistante d'édition Nikki Sims
Photographes Will Heap et Dave King
Illustrateur Takashi Mifune
Responsable éditoriale Mary Ling
Chefs cuisiniers Aya Nishimura,
Paul Jackman et Kate Blinman
Iconographe Romaine Werblow
Relecture Jennifer Lane
Fabrication Raymond Williams
Suivi de fabrication Seyhan Esen
Réalisation des modèles de recettes Max Moore

POUR L'ÉDITION FRANÇAISE

Responsable éditorial Thomas Dartige
Édition Éric Pierrat
Couverture Marguerite Courtieu
Photogravure de couverture Scan+
Réalisation de l'édition française
Bruno Porlier
Traduction, édition et PAO Bruno Porlier
Correction Nathalie Porlier

Édition originale parue sous le titre :
Cook it step by step
Copyright © 2013 Dorling Kindersley Limited

ISBN : 978-2-07-065708-7
Copyright © 2014 Gallimard Jeunesse, Paris
Dépôt légal : septembre 2014
N° d'édition : 257517
Loi n° 49-956 du 16 juillet 1949
sur les publications destinées à la jeunesse.

Imprimé et relié en Chine par South China Co. Ltd.

Sommaire

04-05	Introduction	
06-07	Les ustensiles de cuisine	
08-09	Les gestes de la cuisine	
08-09	Les gestes de la pâtisserie	

POUR LE PETIT DÉJEUNER

12-13	Un délice universel : le pain perdu
14-15	Quatre manières de préparer les oeufs
16-17	Un muesli fruité
18-19	Des smoothies fruités
20-21	Des barres de muesli

POUR COMBLER LES PETITS CREUX

22-23	Une salade de tomates-semoule
24-25	Une salade de thon et de haricots en grains
26-27	Une salade pique-nique
28-29	Une soupe de tomates
30-31	Une soupe à la courge doubeurre
32-33	L'art de faire du pain
34-35	Le pain à l'italienne
36-37	Des petits pains de tournesol
38-39	Le pain de maïs
40-41	La pâte à pizza
42-43	Quatre manières de préparer des pizzas
44-45	Des sandwichs de luxe
46-47	Des pittas garnies
48-49	Un joli plateau de crudités
50-51	Quatre manières de préparer des hors-d'oeuvre

LES PLATS DE RÉSISTANCE

52-53	Un petit ragoût d'agneau
54-55	Des saucisses au pot
56	Des pâtes à la viande
57	Une salade de pâtes à la tomate
58-59	Des lasagnes végétariennes
60-61	Des boules de riz
62-63	Un jambalaya
64-65	Une salade de pommes de terre
66-67	Des croquettes de poisson
68-69	Des pâtés aux pommes de terre
70-71	Un chilli con carne
72-73	Des mini-burgers
74-75	Du poulet-barbecue
76-77	Quatre façons de préparer des brochettes
78-79	Une tarte aux légumes
80-81	Un feuilleté de tomates confites et d'aubergines
82-83	Quatre manières de préparer des sauces
84-85	Un sauté de haricots au soja
86-87	Un sauté de boeuf arc-en-ciel
88-89	Du poulet mariné au curry
90-91	Quatre manières de préparer des légumes rôtis
92-93	Un poulet rôti
94-95	Des filets de volailles au grill

LA DOUCEUR DES PETITS DESSERTS SUCRÉS

96-97	Des tartelettes aux fraises
98-99	Quatre manières de préparer les cookies
100-101	Des cupcakes à savourer
102-103	Une génoise
104-105	Des biscuits de pain d'épices
106-107	Des brownies pour les gourmands
108-109	Des muffins aux carottes et à l'orange
110-111	Du yaourt glacé
112-113	Une crème au chocolat mentholée
114-115	Un gâteau-frigo
116-117	Des couronnes meringuées
118-119	Des verrines lactées aux myrtilles
120-121	Un crumble aux flocons d'avoine
122-123	Ce soir, on fait la fête !
124-125	Prépare un repas complet
126-127	Aujourd'hui, c'est pique-nique !
128	Index

Introduction

Savoir créer un plat savoureux à partir de toute une série d'ingrédients peut paraître magique, mais c'est surtout la preuve d'un grand savoir-faire. Ce livre va te donner une foule d'idées pour inventer des petits déjeuners, des en-cas, des friandises et des repas inattendus. Que ton envie du moment soit de faire cuire un œuf, de faire des petits gâteaux ou de préparer quelque chose d'élaboré, comme un jambalaya, il te suffira de suivre les étapes de chaque recette dans ce livre.

Thermostat électrique/gaz

Les valeurs de thermostat indiquées dans ce livre sont données pour un four électrique. Si tu utilises un four à gaz, applique les équivalences suivantes en fonction de la température requise.

120 °C = Th. ½   210 °C = Th. 6
150 °C = Th. 2   240 °C = Th. 8
180 °C = Th. 4   270 °C = Th. 10

Signification des symboles utilisés dans les recettes

Nombre de personnes que la préparation permet de nourrir (ou nombre de portions préparées).

Temps de préparation, pour toutes les manipulations, y compris les temps de refroidissement, de marinade, etc.

Temps de cuisson sur le feu ou au four. Certaines recettes, comme les salades, ne portent pas ce symbole.

La sécurité dans la cuisine

Chaque fois que tu vois ce symbole, effectue l'opération décrite sous le contrôle d'un adulte ou demande-lui de l'effectuer pour toi. Il signale les opérations pouvant être dangereuses du fait de l'emploi d'objets tranchants, par exemple, ou brûlants, comme un four ou une plaque de cuisson.

L'hygiène dans la cuisine

À la cuisine, suis ces règles importantes pour éviter le développement de bactéries susceptibles de provoquer des maladies.

- Lave-toi toujours les mains avant de commencer toute recette.
- Lave bien tous les fruits et légumes.
- Utilise des planches à découper distinctes pour les viandes et les légumes.
- Maintiens propre ton plan de travail et aies toujours à portée de main une éponge et un torchon pour nettoyer tout produit renversé.
- Stocke séparément la viande crue et la viande cuite.
- Conserve la viande et le poisson au réfrigérateur jusqu'au moment de les utiliser et veille toujours à bien les faire cuire.
- Lave-toi les mains après avoir manipulé des œufs et de la viande crue.
- Respecte toujours les dates de consommation inscrites sur les emballages des produits.
- Jette les restes de marinade dans lesquels de la viande a mariné.

Les poids et les mesures

Pèse soigneusement tes ingrédients avant de te lancer dans une recette. Utilise des cuillères mesures, balances et autres verres doseurs chaque fois que nécessaire. Les mesures que tu rencontreras le plus souvent dans ce livre sont les grammes (g), les millilitres (ml), les cuillerées à café et les cuillerées à soupe.

Une alimentation saine

Pour grandir dans de bonnes conditions, être en bonne santé et avoir assez d'énergie pour toutes tes activités, tu dois adopter un régime alimentaire équilibré et diversifié.

Les fruits et légumes

Ton organisme tire des vitamines et des sels minéraux essentiels des fruits et des légumes. Essaie d'en consommer au moins cinq différents par jour. Pour chacun d'eux, la bonne portion correspond à peu près à ce que tu peux tenir dans la main : une pomme, une petite grappe de raisins, deux branches de chou-fleur ou un bol de salade, par exemple.

Les sucres lents

Le pain, les céréales, le riz, les pâtes et les pommes de terre sont tous pourvoyeurs de sucres lents, également appelés hydrates de carbone. Ces aliments sont de gros fournisseurs d'énergie et doivent donc faire partie de tout repas, qu'il s'agisse des céréales du petit déjeuner, d'un sandwich ou du plat de pâtes du dîner. Nombre de ces aliments peuvent être préparés à base de céréales complètes, qui sont meilleures pour la santé parce qu'elles renferment plus de vitamines, de sels minéraux et de fibres, que leurs équivalents plus raffinés.

Les protéines

Les aliments protéinés sont constitués d'acides aminés, qui sont les briques de la matière vivante et qui, présents à tous les niveaux de l'organisme, contribuent à le maintenir robuste et actif. Les protéines que nous consommons sont à la fois d'origine animale et végétale : viandes, poissons, noix et graines, haricots et produits laitiers en contiennent. Il est plus sain de les diversifier.

Les produits laitiers

Outre le fait qu'ils sont une source de protéines, les produits laitiers apportent d'importantes vitamines (A, B12 et D) et des éléments minéraux comme le calcium. Parmi eux, on trouve le lait, les yaourts, le fromage, le beurre, la crème fraiche et le fromage blanc. Si tu n'es pas amateur de produits laitiers, tu obtiendras les mêmes nutriments dans d'autres aliments comme le lait de soja, le tofu et les haricots blancs.

Les graisses (ou lipides)

Ton organisme a besoin de graisses pour bien fonctionner, mais surtout de bonnes graisses, qui se différencient par leur contenu en acides gras. Les bonnes graisses renferment des acides gras essentiels dits poly- et mono-insaturés, tels que les omégas 3 et 6. Ceux-ci se rencontrent dans les huiles végétales (sésame, tournesol, olive, par exemple) ainsi que dans les poissons gras (saumon, maquereau). Évite d'abuser des graisses renfermant des acides gras saturés ou trans, qui favorisent la prise de poids et les maladies cardiovasculaires. On les trouve dans les viandes, les graisses végétales transformées (margarine), les produits laitiers et les plats préparés industriels.

Les aliments sucrés et le sel

Les sucres dits rapides, comme le saccharose, que l'on met dans nos pâtisseries, fournissent un apport d'énergie rapide et donnent bon goût aux aliments. Mais leur consommation en excès peut entrainer des sautes d'humeur, des caries dentaires et l'obésité. Trop abondant, le sel provoque quant à lui une hausse de la tension artérielle et des maladies cardiovasculaires. N'en mets donc pas trop dans tes plats et évite les aliments préparés, trop salés.

Les ustensiles de cuisine

Pour bien cuisiner, il te faut les ustensiles adaptés à chaque étape de ta préparation. La plupart des cuisines sont équipées de la majorité de ceux présentés ici. Redouble de prudence avec les instruments coupants ou fonctionnant à l'électricité : un adulte devra toujours être à tes côtés quand tu cuisines.

Les gestes de la cuisine

Certains aliments doivent être cuits longtemps et à feu doux, tandis que d'autres sont meilleurs saisis rapidement à feu vif. Selon la recette préparée, l'une des différentes techniques de cuisson présentées ci-dessous sera privilégiée afin de tirer le maximum de la saveur et de la texture des ingrédients utilisés.

Faire bouillir

À feu fort, porter un mélange liquide à haute température jusqu'à ce qu'il bouillonne vivement.

Faire mijoter

Faire cuire une préparation longuement à feu très doux, à très léger bouillon.

Faire revenir

Saisir les aliments à feu vif dans une poêle contenant de la graisse, jusqu'à ce qu'ils brunissent.

Faire sauter

Faire cuire les aliments rapidement et à feu vif dans un peu d'huile, en remuant souvent.

Passer au grill

Il s'agit ici du grill du four, la chaleur venant du dessus. Il faut tourner les aliments durant l'opération.

Saisir au grill

Faire cuire sur un grill en fonte à haute température, ce qui laisse les stries du grill sur les aliments.

Enfourner

Placer une préparation dans un four chaud pour la faire cuire, dans un plat ou un moule adapté.

Faire rôtir

L'opération consiste à faire cuire de la viande, du poisson ou des légumes au four.

Cuisson vapeur

Placer les aliments au-dessus d'une eau en ébullition afin qu'ils cuisent dans la vapeur qu'elle dégage.

Faire pocher

Faire cuire dans un liquide bouillonnant à léger bouillon, tel que de l'eau ou du lait.

Faire frire

Plonger complètement les aliments dans de l'huile très chaude.

Cuisson barbecue

Faire rôtir ou griller les aliments au dessus d'un feu de bois (ou charbon de bois) sur la grille d'un barbecue.

La préparation des ingrédients

Avant de commencer la réalisation d'un plat, tu devras réunir tous tes ingrédients et les préparer. Selon la recette suivie, cette phase préliminaire pourra prendre très peu de temps ou nécessiter une certaine quantité de travail.

Découper en dés

Pour découper un oignon en dés, coupe-le d'abord en deux moitiés, puis tranche-le perpendiculairement pour produire des petits carrés : les dés. Pour une courgette, coupe-la d'abord en bâtonnets dans le sens de la longueur, puis ensuite en petits cubes.

Émincer

Consiste à découper l'aliment en fines lamelles, en le tenant les doigts repliés à bonne distance de la lame tandis que l'on coupe, ou bien en le tenant par-dessus tandis que l'on passe la lame sous le pont ainsi formé.

Éplucher (ou peler)

On peut peler les fruits et légumes avec un couteau d'office. Mais c'est souvent plus simple à l'aide d'un éplucheur. Il en existe de différents types. Grâce à eux on peut peler les carottes en un tournemain, ou encore déshabiller une pomme d'un seul trait en une jolie spirale. Mais attention à tes doigts ! Les éplucheurs sont très tranchants.

Râper

En frottant l'aliment sur les dents d'une râpe, celui-ci est réduit en minces lamelles.

Presser en purée

Grâce à cette opération, les légumes cuits prennent une consistance idéale pour certaines préparations.

Faire une chapelure

Avant — *Après*

C'est plus vite fait dans un robot de cuisine. Place des morceaux de pain rassis dans le bac, ferme le couvercle et mets l'appareil en marche jusqu'à ce que le pain soit réduit en miettes. À défaut, tu obtiendras le même résultat en frottant le pain sur une râpe à fromage.

Quelques autres gestes bons à connaître

- **Faire griller** permet de rendre un aliment comme le pain ou les amandes brun, chaud et croustillant tout en faisant ressortir son goût (voir p. 80).
- **Réduire en purée** pour obtenir une pulpe épaisse (voir ci-dessus) est une opération à laquelle se prêtent bien certains fruits également, dans un mixer ou passés à travers une passoire (voir p. 30).
- **Faire mariner** consiste à laisser tremper un aliment dans un mélange d'huile, de vin ou de vinaigre avec diverses herbes ou épices pour lui donner plus de saveur (voir p. 76, 77 et 88-89).

- **Mélanger**, c'est associer des ingrédients en les réunissant et en les remuant vivement pour obtenir une substance homogène (voir p. 112).
- **Faire retomber une pâte** qui a monté consiste à la comprimer du poing pour forcer l'air à s'en échapper (voir p. 41).
- **Napper**, c'est recouvrir délicatement une préparation avec un liquide comme de l'huile d'olive ou du miel (voir p. 81).
- **Assaisonner**, c'est ajouter du sel et du poivre.

- **Tourner** consiste à mélanger des ingrédients secs dans des ingrédients humides pour qu'ils s'en imprègnent, comme des feuilles de salade verte dans la vinaigrette ou des pâtes dans leur sauce (voir p. 57).
- **Faire réduire**, c'est chauffer une sauce à petit feu pour qu'elle perde de son humidité par évaporation, afin que sa quantité réduise et qu'elle devienne plus épaisse (voir p. 83).
- **Arroser** consiste à répandre régulièrement sur un aliment qui cuit, son jus, une marinade ou du beurre fondu pour qu'il s'en imprègne (voir p. 92).

Les gestes de la pâtisserie

Pour faire monter les gâteaux, préparer des meringues et parfaire tes pâtes et tes biscuits, il existe des techniques que tu dois apprendre à maîtriser. Une fois que tu les connaîtras et sauras les mettre en œuvre, tu disposeras de bases sérieuses pour devenir un meilleur pâtissier !

Tamiser

Passe de la farine ou du sucre-glace dans une passoire pour en casser les grumeaux et l'aérer.

Incorporer

1. Utilise une spatule pour ajouter un ingrédient et le mélanger doucement tout en maintenant le mélange aéré.

2. Tourne autour des bords du bol puis ramène le mélange vers l'intérieur, tout en le soulevant.

Battre

Prépare un mélange lisse et aéré en le tournant très vivement à l'aide d'une cuillère en bois.

Séparer les blancs d'œufs

1. Casse la coquille en tapotant l'œuf sur le rebord du saladier et ouvre-le en deux au-dessus du récipient.

2. Passe le jaune d'une moitié de coquille à l'autre en laissant s'écouler le blanc, et mets-le dans un autre bol.

Battre les blancs d'œufs en neige

1. Après y avoir ajouté une pincée de sel, bats les blancs vivement avec un batteur électrique ou manuel.

2. Poursuis le battage jusqu'à ce que les blancs deviennent fermes. Si tu bats trop longtemps, ils retomberont.

Préparer une pâte sablée

1. La préparation est plus facile avec les doigts bien refroidis. Ajoute des dés de beurre dans la farine.

2. Du bout des doigts, saisis le mélange et émiette les dés de beurre tout en y incorporant la farine.

3. Continue d'écraser le beurre du bout des doigts pour obtenir un sablé homogène. Pour t'assurer que tu as bien réduit tous les dés, secoue un peu le saladier. S'il reste des dés de beurre, ils remonteront à la surface.

Improviser une poche à douille

1. Découpe un carré de papier sulfurisé.
2. Arrondis-le sur lui-même pour former un cône bien pointu et fixe-le avec du ruban adhésif.
3. Coupe le sommet pour laisser passer la crème ou le glaçage. Pour faire une ligne fine, fais un petit trou. Fais-en un plus gros en coupant un peu plus loin pour créer des motifs plus larges.

Battre le beurre en crème

1. Pour battre ensemble du beurre et du sucre, utilise du beurre que tu auras laissé se ramollir à température ambiante.
2. Découpe le beurre en morceaux et verse-les dans un grand bol, par-dessus le sucre.
3. À l'aide d'un batteur électrique ou d'une cuillère en bois, bats ensemble le beurre et le sucre jusqu'à ce que le mélange blanchisse et produise une substance lisse, crémeuse et homogène.

Pétrir une pâte à pain

1. Du talon de la main, aplatis la pâte à pain en l'étirant
2. Replie la partie étirée sur le reste de la pâte et fais tourner la boule de pâte d'un quart de tour.
3. Répète cette suite d'opérations jusqu'à ce la pâte devienne lisse et soyeuse. La pâte sera alors bonne pour être couverte et mise au repos afin de la laisser monter (voir p. 40).

Étaler une pâte

La pâte posée sur un vaste plan de travail fariné, aplatis-la en un large rond avec un rouleau.

Graisser un moule

Place une noisette de beurre sur du papier sulfurisé que tu frotteras partout à l'intérieur du moule.

Doubler un moule avec du papier de cuisson

1. Trace les contours du moule sur du papier sulfurisé en prévoyant la largeur des bords.
2. Dispose le papier à l'intérieur du moule. Replie-le proprement dans les coins et découpe tout ce qui dépasse.

11

Pour le PETIT DÉJEUNER

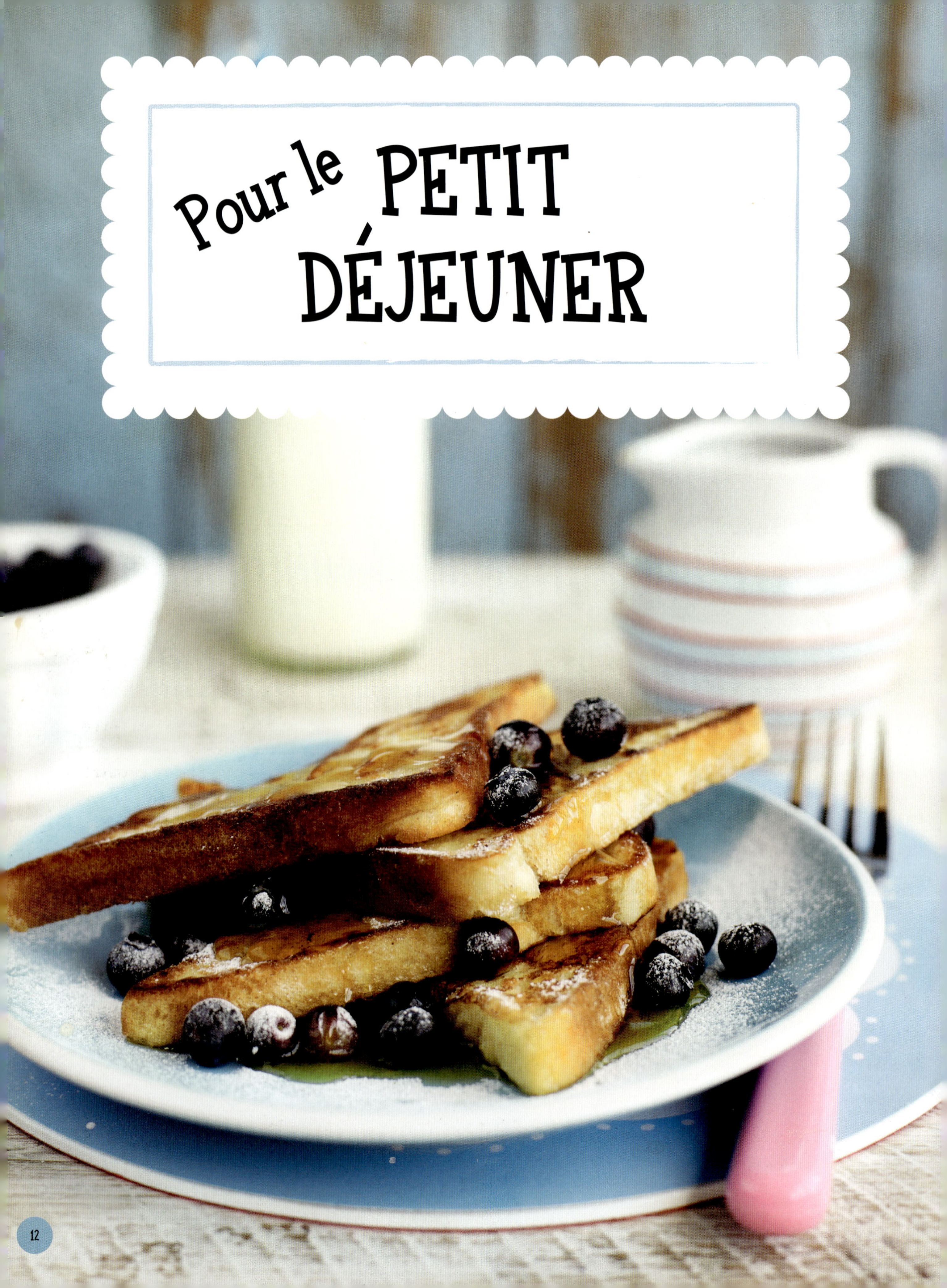

Ingrédients

- 4 gros œufs
- 240 ml de lait
- ¼ de cuillère à café de cannelle en poudre
- 4 tranches de pain blanc à mie serrée, coupées en triangle
- 2 cuillerées à soupe d'huile de tournesol
- 100 g de myrtilles
- Du sirop d'érable pour le service

Ustensiles

- Un batteur
- Un saladier
- Un plat peu profond
- Une poêle et une spatule

Un délice universel : le pain perdu

Appréciée dans de nombreux pays du monde, cette préparation est un plat de Noël au Portugal, et de Pâques en Espagne et au Brésil.

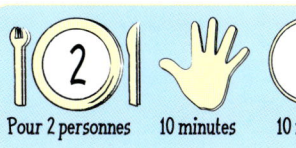
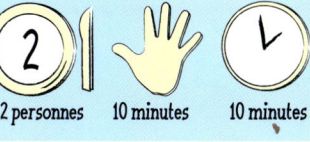

Pour 2 personnes — 10 minutes — 10 minutes

1

Casse les œufs dans un saladier. Ajoute le lait et la cannelle et bats le tout ensemble.

2

Verse ce mélange dans un plat large et peu profond. Mets-y les tranches de pain à tremper pendant environ 30 secondes, le temps qu'elles s'imprègnent bien du mélange.

3

Dans la poêle, fais chauffer une demi-cuillerée d'huile de tournesol à feu doux. Avec la spatule, dépose délicatement dedans deux triangles de pain.

4

Fais frire les triangles sur les deux faces jusqu'à ce qu'ils deviennent dorés. Répète les opérations des étapes 3 et 4 pour le reste des tranches de pain.

5

Sers le pain perdu chaud, avec des myrtilles et du sirop d'érable. Tu peux aussi essayer avec du beurre et de la confiture. C'est délicieux !

Quatre manières de préparer les œufs

Essaie ces façons classiques de préparer les œufs.

1

Œufs à la coque, œufs mollets ou œufs durs

Les œufs bouillis sont faciles à préparer. Comment les préfères-tu ? À la coque, mollets ou durs ?

Ingrédients

Cette recette est pour 1 personne. Elle réclame 2 minutes de préparation et 4 à 8 minutes de cuisson.

- *1 œuf frais*
- *1 tranche de pain découpée en mouillettes, grillée ou non, beurrée ou non, selon ton goût*

Préparation

- Remplis d'eau une petite casserole et, à l'aide d'une grande cuillère, place dedans l'œuf frais. Demande à un adulte de mettre l'eau à bouillir.
- Une fois que l'eau a atteint l'ébullition, abaisse le feu sous la casserole de façon à maintenir l'eau frémissante. Respecte les temps de cuisson suivants en fonction du type de cuisson désiré :
  – œuf à la coque : 4 minutes ;
  – œuf mollet : 6 minutes ;
  – œuf dur : 8 minutes.
- Une fois cuit, retire l'œuf de la casserole avec la cuillère. Place-le dans un coquetier. Casse le sommet de la coquille avec le dos d'une petite cuillère et ôte-le. Tu n'as plus qu'à servir avec des mouillettes.

2

Œufs brouillés

Les œufs brouillés sont délicieux servis tels quels pour un petit déjeuner chaud. Mais tu peux les agrémenter de divers ingrédients, comme le bacon, par exemple.

Ingrédients

Cette recette est pour 1 personne. Elle réclame 2 minutes de préparation et 8 minutes de cuisson.

- *1 tranche de bacon*
- *1 cuillère à soupe de lait*
- *1 œuf*
- *Une petite noisette de beurre*
- *Du basilic déshydraté*
- *1 tranche de pain toasté et beurré*

Préparation

- Demande à un adulte de faire griller le bacon. Une fois cuit, découpe-le en lamelles à l'aide d'un couteau et d'une fourchette.
- Dans un petit saladier en verre, bats l'œuf et le lait jusqu'à obtenir un mélange crémeux.
- Dans une petite poêle à frire, sur feu doux, fais fondre le beurre et ajoute le mélange lait-œuf battu. Remue sans cesse jusqu'à ce que l'œuf soit tout juste cuit mais encore crémeux. Ajoute et mélange à la cuillère en bois les lamelles de bacon grillé.
- Saupoudre un peu de basilic déshydraté et sers sur une tranche de pain toasté.

De toutes formes et de toutes tailles !

La plupart des œufs que nous consommons sont pondus par des poules, mais pour la cuisine, tu peux en acheter de différents types. Fais des essais.

3

Œufs pochés

Le pochage est une façon amusante de se faire cuire un œuf. Mais il te faudra l'aide d'un adulte car le coup de main est peut-être un peu délicat à acquérir.

Ingrédients

Cette recette est pour 1 personne. Elle réclame 1 minute de préparation et 1 à 2 minutes de cuisson.

- *1 œuf ; il doit être bien frais pour obtenir les meilleurs résultats.*
- *1 muffin blanc, coupé en moitiés, toasté et beurré au moment du service*

Préparation

- Remplis d'eau une casserole large et peu profonde et demande à un adulte de la mettre à chauffer.
- Lorsque l'eau commence à frémir, utilise le manche d'une écumoire pour faire tourner l'eau en tourbillon.
- Casse l'œuf dans une petite coupe et, de là, fais-le glisser ensuite délicatement au centre du tourbillon.
- À l'aide du manche de l'écumoire, maintiens l'eau en mouvement rotatif pendant toute la cuisson, afin que l'œuf prenne une belle forme arrondie.
- Une fois cuit, sors l'œuf de l'eau à l'aide de l'écumoire (utilisée dans le bon sens, cette fois). Égoutte-le sur du papier absorbant et dépose-le sur le demi-muffin toasté.

4

Œufs sur le plat

On les appelle aussi œufs frits. C'est une façon simple et rapide de préparer un petit déjeuner reconstituant. Tu peux le servir tel quel ou bien sur un petit pain ou un toast.

Ingrédients

Cette recette est pour 1 personne. Elle réclame 1 minute de préparation et 2 à 4 minutes de cuisson.

- *1 cuillerée à soupe d'huile de tournesol*
- *1 œuf*
- *1 petit pain coupé en moitiés et beurré*

Préparation

- Demande à un adulte de mettre à chauffer l'huile à feu moyen dans une poêle.
- Casse l'œuf dans un bol. Si des petits morceaux de coquille tombent dedans, ôte-les à l'aide d'une petite cuillère. Puis, verse doucement l'œuf dans la poêle.
- L'œuf doit frire environ deux minutes à feu moyen. Si tu l'aimes bien cuit, il faudra le retourner pour le faire frire sur les deux faces.
- Sers ton œuf sur une moitié de petit pain coupé.

Un muesli fruité

Ingrédients

- 2 cuillerées à soupe d'huile d'olive
- 6 cuillerées à soupe de sirop ou de miel liquide
- 350 g de flocons d'avoine
- 115 g de noisettes
- 60 g de graines de potiron
- 115 g de tranches de bananes séchées réduites en petits morceaux
- 115 g de raisins secs
- Du lait ou du yaourt nature pour servir

Ustensiles

- Une grande casserole
- Une cuillère en bois
- Un saladier
- Un plateau de cuisson
- Des gants anti-brûlure
- Une boîte hermétique pour la conservation après préparation

Pour tenir sans faiblir toute une matinée de travail, il te faut un petit déjeuner qui te tienne au corps. Ce délicieux muesli devrait te maintenir rassasié au moins jusqu'à l'heure de l'en-cas du milieu de matinée. Tu peux remplacer les raisins secs par des myrtilles ou des canneberges (cranberries) séchées.

Mets le four à préchauffer à 200 °C (th. 6 pour un four à gaz). Fais chauffer l'huile et le sirop liquide (ou le miel) dans une grande casserole à feu léger.

Verse le mélange huile-sirop chaud dans un saladier sur les flocons d'avoine, les noisettes et les graines de potiron. Souviens-toi que pour les opérations marquées d'un triangle rouge, la présence d'un adulte est conseillée.

Étale ensuite ce mélange sur un plateau de cuisson et place-le au four pendant 10 minutes, jusqu'à ce que les céréales prennent une jolie couleur dorée.

Laisse ensuite le mélange refroidir sur le plateau, puis verse-le dans ton saladier (que tu auras lavé entre-temps). Ajoute la banane séchée et les raisins secs et mélange bien.

Pour 8 personnes · 5 minutes · 20 minutes

Pour la conservation

Stocke ton muesli dans une boîte hermétique et consommes-en régulièrement au petit déjeuner. Et ne sois pas égoïste ! Partage-le avec ta famille et tes amis.

5 Sers ton muesli dans des bols, additionné de lait ou de yaourt nature.

Des smoothies fruités

Les smoothies sont très amusants à préparer et un régal à boire. Tu peux en créer de toutes sortes en variant les textures et les parfums, en utilisant différents fruits et en y ajoutant des flocons d'avoine pour les rendre plus consistants.

Voici trois recettes

Pour 3 personnes — 7 minutes

Smoothie banane-mangue

Ingrédients

- 175 ml de lait
- 120 ml de yaourt nature
- 2 petites bananes en tranches
- 1 petite mangue coupée en petits morceaux

Préparation

- C'est la même que pour le smoothie myrtille-orange-fraise.

Ustensiles

- Une planche à découper
- Un couteau d'office
- Un mixeur électrique
- Des verres pour servir les smoothies

Smoothie pêche-fruits rouges

Ingrédients

- 120 ml de lait
- 120 ml de yaourt nature
- 2 pêches en tranches
- 75 g de framboises équeutées
- 75 g de fraises équeutées
- 1 cuillerée à soupe de flocons d'avoine

Préparation

- C'est la même que pour le smoothie myrtille-orange-fraise.

Ustensiles

- Une planche à découper
- Un couteau d'office
- Un mixeur électrique
- Des verres pour servir les smoothies

Smoothie myrtille-orange-fraise

Ingrédients

- 120 ml de jus d'orange
- 120 ml de lait
- 120 ml de yaourt nature
- 150 g de myrtilles
- 150 g de fraises équeutées
- 3 cuillerées à soupe de flocons d'avoine
- Une demi-cuillerée à café d'extrait de vanille (optionnel)

Ustensiles

- Une planche à découper
- Un couteau d'office
- Un mixeur électrique
- Des verres pour servir les smoothies

Préparation

- Réunis tous les ingrédients dans un mixer et mets l'appareil en marche à vitesse moyenne à haute jusqu'à obtenir un mélange bien lisse et homogène.

- Verse le mélange dans trois grands verres et sers-les tels quels.

- Le smoothie doit être consommé rapidement, sans quoi, il risque de s'épaissir et ses ingrédients de se séparer. C'est bu à grande gorgées qu'il est bon !

Un truc collant

Dans cette recette, ce sont le sucre fondu et la mélasse qui font office de liant en collant entre eux les ingrédients. C'est ce qui fait des barres de muesli des friandises qui collent aux dents et nécessitent un petit effort de mastication.

Des barres de muesli

Les barres de céréales sont idéales pour le petit déjeuner ou comme en-cas pour combler un petit creux dans la journée. Une fois que tu maîtriseras cette recette, imagine des variantes avec des fruits et des noix différents.

Pour 12 personnes — 15 minutes — 30 minutes

Ingrédients

- 115 g de beurre doux
- 100 g de sucre blond
- 115 g de mélasse raffinée ou de miel liquide
- 300 g de flocons d'avoine
- 100 g de raisins secs
- 50 g d'un mélange de noix concassées (par exemple noix, noisettes, noix de cajou, noix du Brésil, pistaches, etc.)

Ustensiles

- Un moule à gâteau de 30 x 23 x 4cm
- Du papier sulfurisé
- Une cuillère en bois
- Une casserole
- Un saladier

1

Fais préchauffer le four à 150 °C (Th. 5). Graisse ton moule à gâteau avec un peu de beurre, puis garnis-le de deux feuilles de papier sulfurisé.

2

Fais fondre ensemble le beurre, le sucre et la mélasse raffinée (ou le miel liquide) dans une casserole, à feu doux.

3

Réunis les autres ingrédients dans un saladier. Verse par-dessus le mélange de beurre et de sucre fondu et mélange bien le tout.

4

Étale le mélange uniformément dans le moule et, à l'aide d'un presse-purée à main, tasse-le bien fermement afin que les constituants se collent bien les uns aux autres. Mets au four 20 à 30 minutes jusqu'à ce que le mélange dore.

5

Une fois cuit, sors le gâteau de muesli ainsi obtenu du four et laisse-le refroidir 5 minutes. Puis, en plaçant le moule sur un torchon pour l'empêcher de glisser, découpe le gâteau en 12 barres. Démoule-les seulement lorsqu'elles auront refroidi et seront fermes.

Pour combler les PETITS CREUX

Une salade de tomates-semoule

Les salades sont idéales pour les repas légers d'été et peuvent aussi être consommées en guise d'entrée. Cette super salade est faite d'ingrédients pleins de saveur et sera du plus bel effet dans les assiettes de tes convives. Un régal garanti !

Ingrédients

- 4 grosses tomates
- 150 ml de jus de tomates
- 125 g de semoule
- 150 ml d'eau bouillante
- 50 g de raisins secs
- Quelques feuilles de basilic découpées
- Quelques feuilles de persil non frisé découpées à la main (optionnel)

Ustensiles

- Un couteau d'office
- Une planche à découper
- Une petite cuillère
- Un petit saladier en verre
- Un grand saladier en verre
- Une fourchette
- Une grande cuillère

1 — **Tranche le haut des tomates** et vide-les à l'aide d'une grande cuillère. Récupère la chair, les graines et le jus frais dans un saladier.

2 — **Verse l'eau bouillante** sur la semoule dans un grand saladier et laisse-la gonfler pendant 10 minutes. Ensuite, décolle les grains à l'aide d'une fourchette, puis verse sur la semoule la pulpe de tomate et mélange bien.

3 — **Ajoute les raisins secs**, le basilic et le persil (si tu l'utilises) et mélange le tout. Goûte et assaisonne à ton goût d'un peu de sel et de poivre noir.

4 — **Sers-toi de ta salade** pour remplir l'intérieur des tomates. Présente tes tomates avec le reste de semoule en salade et quelques feuilles de salade verte en garniture.

Pour 4 personnes — 30 minutes

Une salade de thon et de haricots en grains

Les salades sont excellentes parce qu'elles contribuent à t'apporter tes cinq portions de fruits et légumes différents par jour. Celle que nous te proposons ici est pleine de bonnes choses et amusante à préparer.

Ingrédients

- 125 g de haricots en grains frais, congelés
- 400 g de thon en conserve à l'huile d'olive, égoutté
- 10 tomates cerises coupées en deux
- Une poignée de ciboulette fraîche, finement coupée
- Du poivre noir moulu
- 12 olives noires dénoyautées
- 1 laitue bien fraîche, de type romaine
- 2-3 petits oignons finement émincés

Pour la sauce

- 6 cuillerées à soupe d'huile d'olive extra vierge
- Une gousse d'ail finement coupée
- 2 cuillerées à soupe de jus de citron
- 1-2 cuillerées à café de moutarde

Ustensiles

- Un grand saladier en verre
- Une passoire
- Un pot en verre avec son couvercle
- 4 bols larges pour le service

1

Mets les haricots en grains à tremper pendant cinq minutes dans de l'eau chaude, puis égoutte-les dans une passoire. Réserve-les.

2

Pour préparer la sauce, verse tous les ingrédients qui la composent dans un pot en verre, assaisonne à ton goût de poivre noir, referme bien le pot et secoue ! Les ingrédients vont ainsi bien se mélanger et se lier.

3

Verse dans un saladier, le thon, les tomates et la moitié de la sauce. Ajoute la moitié de la ciboulette et le poivre. Mélange délicatement en y ajoutant les olives et les haricots.

4

Dispose les feuilles de laitue au fond des bols et dépose par-dessus, à l'aide d'une cuillère, le mélange préparé. Arrose avec le reste de sauce et répartis par-dessus les petits oignons et le reste de ciboulette.

Des variantes

Si tu n'aimes pas le thon, tu peux le remplacer par 400 g de jambon en lanières ou de blanc de poulet en aiguillettes. Tu peux aussi remplacer les olives noires par des vertes.

Une salade pique-nique

Ingrédients

- 200 g de semoule de blé
- 300 ml de bouillon de légumes chaud
- Un demi-concombre
- 1 grenade de taille moyenne (pour gagner du temps, achète-la déjà égrenée – 2 sachets – si tu en trouves).
- Un zeste et le jus d'un citron
- 2 cuillerées à soupe d'huile d'olive
- 250 g de tomates cerises coupées en deux
- 1 petit oignon rouge finement émincé
- 200 g de feta, émiettée
- Une bonne poignée de feuilles de menthe, fraîchement cueillies et découpées

Ustensiles

- 3 saladiers
- Un verre doseur
- Une fourchette
- Une planche à découper
- Un couteau
- Une petite cuillère
- Une cuillère en bois

Cette salade pleine de couleurs est délicieuse et idéale pour le pique-nique. Tu peux remplacer la feta par ton fromage favori, qu'il s'agisse de cheddar, de mozzarella ou de brie. Et au passage, ajoute quelques autres ingrédients : pourquoi pas des olives, ou des poivrons et des petits oignons ?

1. Verse la semoule dans un grand saladier. Verse par-dessus le bouillon chaud et laisse-la gonfler pendant 5 minutes, jusqu'à ce que le liquide soit bien absorbé. Laisse refroidir.

2. Coupe le concombre en deux dans le sens de la longueur et élimine les graines à l'aide d'une petite cuillère. Découpe-le ensuite en tranches fines.

3. Coupe la grenade en deux, et, en tenant chaque moitié au-dessus d'un saladier, tape sur la coque à l'aide d'une cuillère en bois pour que les graines tombent dans le récipient.

4. À la semoule, ajoute le citron et l'huile d'olive et mélange bien. Ajoute les tomates, le concombre, l'oignon rouge, la feta et la menthe, puis les graines de grenade, à mélanger délicatement pour éviter qu'elles éclatent.

Une soupe de tomates

Une petite soupe chaude peut faire un en-cas reconstituant au cœur d'une froide matinée d'hiver, ou une entrée facile pour un repas. Celle-ci est bien épaisse et crémeuse et garnie de petits croûtons grillés.

Pour 2-4 personnes — 20 minutes — 35 minutes

Ingrédients

- 1 petit oignon
- 1 petite carotte
- 4 cuillerées à soupe d'huile d'olive
- 1 gousse d'ail écrasée
- 1 cuillerée à soupe de farine
- 400 g de tomates concassées en boîte
- 1 cuillerée à soupe de purée de tomate
- 1 cuillerée à café de feuilles de thym frais (optionnel)
- 450 ml de bouillon de légumes
- Une pincée de sucre
- Un peu de jus de citron
- 2 tranches de pain épaisses
- Du sel et du poivre

Ustensiles

- Un couteau d'office
- Un éplucheur
- Une planche à découper
- Une casserole de taille moyenne
- Une spatule en bois
- Un couteau à pain
- Un plateau de cuisson
- Des gants anti-brûlure
- Une louche
- Un mixeur

1

Épluche et découpe en morceaux l'oignon et la carotte. Mets le four à préchauffer à 220 °C (Th. 7 1/2). Fais chauffer la moitié de l'huile d'olive dans la casserole, à feu moyen.

2

Verse la carotte et l'oignon découpés dans l'huile chaude et fais-les revenir pendant environ 5 minutes pour qu'ils ramollissent, en remuant de temps en temps. Ajoute l'ail et la farine, mélange et laisse cuire l'ensemble 1 minute.

3

Ajoute dans la casserole les tomates, la purée de tomates, le thym, le bouillon et le jus de citron et porte à ébullition. Réduis alors le feu sous la casserole et laisse mijoter pendant 20 à 25 minutes.

4

Tandis que la soupe cuit, à l'aide d'emporte-pièces de pâtisserie, découpe dans le pain des formes pour faire les croûtons. Étale-les sur un plateau de cuisson et arrose-les avec le reste d'huile d'olive.

5

À la main, enduis bien les croûtons d'huile et assaisonne-les. Place-les au four pendant 8 à 10 minutes, jusqu'à ce qu'ils dorent et deviennent croustillants. Pour une cuisson uniforme, retourne-les au bout d'environ 4 minutes.

6

Avec une louche, déverse avec précaution la soupe chaude dans le mixeur. Goûte-la, rectifie l'assaisonnement si nécessaire et mixe pour obtenir une texture lisse. Sers dans des bols avec les croûtons par-dessus.

Une soupe à la courge doubeurre

Ingrédients

- 1 kg de chair de courge doubeurre (une variété allongée de courge musquée)
- 1 cuillerée à soupe d'huile d'olive
- 1 oignon découpé
- 600 ml de bouillon de légumes chaud
- 2 cuillerées à soupe de miel

Pour le service :
- Une baguette de pain
- Du gruyère ou un autre fromage suisse
- Du persil fraîchement découpé

Ustensiles

- Une cuillère à soupe
- Un éplucheur
- Un plateau de cuisson
- Une cuillère en bois
- Un robot de cuisine
- Une grande casserole

Servie bien chaude, cette soupe est idéale par les rudes journées d'hiver. Elle est préparée ici à partir d'une courge doubeurre préalablement rôtie au four, mais tu peux aussi l'essayer avec du potiron.

Préchauffe ton four à 200 °C (Th. 6 ½). Coupe la courge en deux dans le sens de la longueur, puis, à l'aide d'une cuillère, retire les graines et la pulpe molle qui les entoure.

Découpe la chair en gros morceaux, puis, à l'aide d'un éplucheur, ôte la peau. Recoupe les morceaux en cubes de 2 à 3 cm de côté.

Étale les morceaux de courge sur un plateau de cuisson, assaisonne-les de sel et de poivre, puis nappe-les d'huile d'olive. Mets-les à rôtir pendant 20 minutes puis ôte-les du four.

Ajoute-leur les oignons et mélange bien. Replace l'ensemble au four pendant encore 15 minutes.

Transfère ensuite le mélange courge-oignons rôtis dans un robot avec la moitié du bouillon de légumes et mixe l'ensemble jusqu'à obtenir un mélange onctueux.

6 **Verse ensuite** la purée obtenue dans une grande casserole avec le reste du bouillon de légumes et le miel. Fais mijoter l'ensemble 3 à 4 minutes et sers avec des tranches de baguette grillée, du gruyère râpé et un peu de persil saupoudré par-dessus.

Pour 4 personnes — 15 minutes — 39 minutes

L'art de faire du pain

Cette recette est facile et intéressante à réaliser. Tu pourras te servir de la pâte pour préparer une unique miche traditionnelle ou bien de délicieux petits pains (il y a de quoi en faire huit avec les quantités indiquées ici).

Des petits pains

Lors de l'étape 5, divise la pâte en huit pâtons en forme de boule. Place-les sur une feuille de papier sulfurisé graissée et applatis-les un petit peu. Recouvre-les d'un torchon propre et laisse-les lever et reposer pendant 30 minutes. Mouille-les d'un peu de lait sur le dessus avec un pinceau, et place-les au four 20 minutes.

Ingrédients

- 1½ cuillerée à café de levure active déshydratée
- 1 cuillerée à café de sucre en poudre
- 360 ml d'eau tiède
- 500 g de farine blanche panifiable
- 2 cuillerées à café de sel
- Du beurre

Ustensiles

- Un moule en métal pour un pain de 500 g
- Une passoire
- Un saladier
- Un bol
- Du film étirable
- Une grille de refroidissement de pâtissier

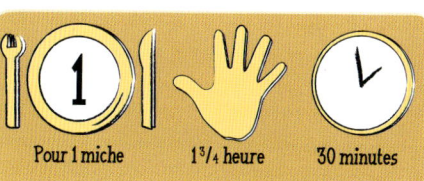

Pour 1 miche — 1¾ heure — 30 minutes

Graisse légèrement le moule à pain avec du beurre et mets-le de côté. Verse la levure, le sucre et un peu d'eau tiède dans un bol, mélange bien le tout et laisse-le reposer pendant 10 minutes dans un endroit chaud, jusqu'à ce que le mélange devienne écumeux.

Tamise la farine mêlée au sel dans le saladier. Ménage un trou au centre et verses-y le mélange de levure avec le reste d'eau tiède. Mélange bien le tout pour former une pâte. Pétris cette pâte pendant 10 minutes sur un plan de travail fariné.

Replace ensuite ta pâte dans le saladier, recouvre le récipient d'un torchon propre et laisse-le reposer pendant une heure dans un endroit chaud. Fais ensuite retomber la pâte en la comprimant légèrement du poing pour faire éclater les grosses bulles d'air qui s'y sont formées.

Préchauffe ton four à 220 °C (Th. 7 ½). Pendant ce temps, pétris à nouveau ta pâte légèrement sur un plan de travail fariné.

La pâte va DOUBLER de volume !

Donne-lui grossièrement la forme d'un rectangle et replie les bords par en dessous pour la faire entrer dans le moule à pain. Recouvre-la à nouveau avec le torchon et laisse-la reposer dans un endroit chaud pendant encore 30 minutes.

Place ensuite le moule bien au centre du four. Laisse cuire 30 minutes, jusqu'à ce que le pain ait levé et soit devenu doré. Une fois sorti du four, démoule ton pain, retourne-le et tape le fond : il doit sonner creux. Place-le sur une grille de refroidissement.

Le pain à l'italienne

Ce pain tout simple, appelé focaccia par les italiens, est un peu l'équivalent de notre fougasse provençale et peut être parfumé d'herbes aromatiques, de fromage, de tomates sèches ou d'olives. C'est si bon que tu en redemanderas !

Ingrédients

- 350 g de farine blanche panifiable
- ½ cuillerée à café de sel
- Un sachet de 7 g de levure rapide déshydratée
- 175 ml d'eau chaude
- 4 cuillerées à soupe d'huile d'olive
- 6 tomates cerises coupées en moitiés
- 6 olives noires découpées
- Du gros sel marin pour saupoudrer
- Des feuilles de romarin

Ustensiles

- Une passoire
- Un saladier
- Une grosse cuillère métallique
- Un plateau de cuisson
- Un torchon propre humide
- Un rouleau à pâtisserie
- Des gants de protection pour le four

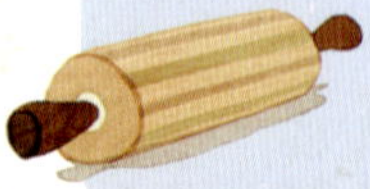

1

Huile légèrement un plateau de cuisson et mets-le de côté. Tamise la farine dans un saladier, ajoute le sel et mélange la levure sèche au moyen d'une grosse cuillère métallique.

2

Ménage un puits au centre de la farine à l'aide de la grande cuillère en métal. Déverses-y l'eau chaude et l'huile et 3 cuillerées à soupe d'huile d'olive et mélange bien jusqu'à ce que l'ensemble finisse par s'amalgamer en une pâte lisse.

3

Dépose la pâte sur un plan fariné. Pétris-la 10 minutes jusqu'à ce qu'elle devienne élastique. Place-la ensuite dans un grand bol, recouvre-la d'un torchon humide et laisse-la lever dans un endroit chaud pendant 1 heure.

4

Puis fais retomber la pâte pour supprimer les grosses bulles d'air, et place-la sur ton plan de travail fariné. Étale-la pour créer un pâton de 1 cm d'épaisseur, de forme rectangulaire adaptée à ton plateau de cuisson.

5

Dépose le pâton sur le plateau de cuisson huilé et recouvre-le d'un torchon humide et propre. Laisse-le reposer dans un endroit chaud pour que la pâte lève pendant 30 minutes.

Préchauffe ton four à 200 °C (Th. 6 1/2). Du bout du doigt, crée des petits creux sur toute la surface du pâton levé.

Nappe le pâton avec le reste d'huile d'olive et place des feuilles de romarin dans un tiers des petits creux, et dans les autres le reste des tomates et des olives.

Saupoudre de gros sel de mer toute la surface mais en insistant dans les creux restés vides. Place au four à mi-hauteur pendant 20 à 25 minutes jusqu'à ce que la pâte lève et dore. La focaccia est meilleure consommée chaude.

Pour 6 personnes — 2 heures — 25 minutes

Des petits pains de tournesol

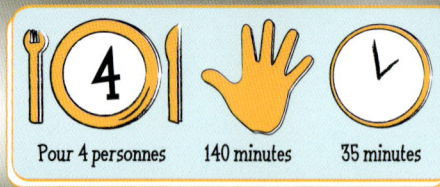

Pour 4 personnes — 140 minutes — 35 minutes

Remplis ta cuisine de l'odeur accueillante du pain chaud. Tu peux aussi faire griller des graines de tournesol pour les grignoter telles quelles tandis que le pain cuit.

Ingrédients

- 250 g de farine blanche panifiable
- 150 g de farine complète
- 1 cuillerée à café de sel
- 1 cuillerée à café de sucre
- 1 sachet de 7 g de levure rapide
- 250 ml d'eau chaude
- 2 cuillerées à soupe d'huile d'olive extra vierge, et un supplément pour huiler les pots
- 100 g de graines de tournesol
- Un peu de lait

Ustensiles

- 4 pots à fleurs en terre cuite neufs de 11 x 10 cm
- Un verre doseur
- Un saladier
- Un plateau de cuisson
- Un sac en plastique
- Un pinceau à pâtisserie
- Une cuillère en bois

1
Nettoie bien les pots sous l'eau claire. Préchauffe ton four à 200 °C (Th. 6 ½). Huile les pots à l'intérieur et à l'extérieur et passe-les 35 à 40 minutes dans le four préchauffé. Laisse-les refroidir et répète cette opération encore deux fois.

2
Dans un saladier, verse la farine, le sel, le sucre et la levure. Ménage un puits au centre de la farine et déverses-y l'eau chaude et l'huile d'olive. Mélange pour obtenir une pâte souple et ferme.

3
Place la boule de pâte sur un plan de travail fariné et pétris-la bien pendant au moins 10 minutes (sers-toi d'un minuteur). Fais-toi aider par un adulte si tes mains et tes bras finissent par fatiguer.

4
Creuse la pâte et incorpores-y les trois quarts des graines de tournesol. Malaxe la pâte pour bien les répartir dedans.

5
Sépare la pâte en quatre boules égales et place chacune dans un pot en terre cuite. Recouvre les pots d'un sac en plastique et laisse reposer jusqu'à ce que la pâte ait doublé de volume.

6
Étale un peu de lait au pinceau de cuisine sur le dessus des pains. Saupoudre par-dessus le reste des graines de tournesol puis enfourne tes pains pour 35 à 40 minutes jusqu'à ce qu'ils dorent. Laisse-les refroidir dans les pots.

Le pain de maïs

Ingrédients

- 125 g de farine = 1 cup
- 125 g de farine de maïs (ou polenta) = 1 cup 
- 1 cuillerée à soupe de levure chimique
- 1 cuillerée à café de sel
- 5 petits oignons finement émincés (optionnel)
- 150 g de maïs en conserve 
- 2 œufs de calibre moyen
- 285 ml de babeurre (liquide restant après fabrication du beurre par barattage) ou de yaourt nature
- 100 ml de lait
- 50 g de beurre fondu et refroidi

Ustensiles

- Un moule à gâteau carré métallique de 20 cm de côté ou un moule rond en céramique de 20 cm de diamètre
- Un pinceau à pâtisserie
- Un saladier
- Une cuillère en bois
- Un grand verre doseur
- Un fouet
- Des gants anti-brûlure
- Un couteau d'office

Cette recette de pain de maïs est vraiment facile à mettre en œuvre. Le maïs et les petits oignons lui donnent une texture inhabituelle.

1
Graisse le moule à gâteau carré métallique ou le moule rond en céramique. La recette fonctionne bien dans les deux types de moules. Préchauffe ton four à 200 °C (Th. 6 ½).

2
Dans un saladier, verse la farine, la polenta, la levure chimique, le sel, les petits oignons émincés et le maïs en grains. Mélange bien le tout avec une cuillère en bois et mets cette préparation en réserve.

3
Dans un grand verre doseur, bats ensemble les œufs, le babeurre (ou le yaourt nature), le lait et le beurre fondu à l'aide d'un fouet à main jusqu'à obtenir un mélange bien homogène et mousseux.

4
Verse ensuite ce mélange dans le saladier que tu as réservé contenant la farine. Mélange bien l'ensemble de ces ingrédients avec une cuillère en bois.

Pour 12 parts | 10 minutes | 30 minutes

5

Transfère enfin ta préparation dans le moule graissé. Enfourne et laisse cuire 25 à 30 minutes jusqu'à obtenir un gâteau doré qui commence à déborder du moule. Sors-le alors du four et laisse refroidir dans le moule avant de découper le pain de maïs en parts.

La pâte à pizza

Peut-on imaginer mets plus populaire que la pizza, que ce soit pour le déjeuner ou le dîner ! La préparation de la pâte en elle-même obéit à une recette facile à mettre en œuvre. Les quantités indiquées ici permettent de faire assez de pâte pour quatre pizzas.

Ingrédients

- 500 g de farine de Type 00 ou de farine blanche panifiable
- Un sachet de 7 g de levure rapide déshydratée
- Une pincée de sel
- 200 ml d'eau chaude
- 4 cuillerées à soupe d'huile d'olive

Ustensiles

- Une passoire
- Un saladier
- Une cuillère en bois
- Du film étirable
- Un plateau ou un moule de cuisson
- Un rouleau à pâtisserie

Pour 4 pizzas — 1 heure

1.  Tamise ta farine dans un saladier et ajoutes-y la levure et la pincée de sel. Ménage un puits au centre et verses-y lentement l'eau chaude.

2. Mélange l'ensemble avec une cuillère en bois jusqu'à ce qu'il s'amalgame, puis ajoute l'huile d'olive et continue de mélanger jusqu'à ce qu'il forme une pâte souple.

3. Pétris énergiquement ta pâte du talon de la main et en la repliant à chaque fois sur elle-même. Procède ainsi jusqu'à ce qu'elle devienne souple et élastique.

4. Place la boule de pâte dans un saladier, recouvre-le de film étirable, et laisse reposer dans un endroit chaud pendant 30 à 40 minutes ou jusqu'à ce que la pâte ait doublé de volume.

5. Dépose ensuite la pâte sur un plan de travail fariné et fais-la retomber du poing pour chasser les grosses bulles d'air. Replie-la sur elle-même et pétris-la encore.

La pâte doit devenir souple et élastique.

6

Divise ta pâte en quatre boules. Avec le rouleau à pâtisserie, étale chaque boule sur ton plan fariné pour la réduire à 1 cm d'épaisseur environ. Dépose-la sur un plateau à pizza ou dans un moule en métal. Ensuite, il te reste à garnir tes pizzas, ce que tu peux faire de différentes manières.

Ci-dessous, la pizza a été garnie de trois cuillerées à soupe de purée de tomates, de trois tomates fraîches tranchées et de 150 g de mozarella en morceaux, complétés de feuilles de basilic fraîches.

Place tes pizzas 15 à 20 minutes dans un four préalablement préchauffé jusqu'à ce que la croûte dore et que le fromage fonde et bouillonne.

Quatre manières de préparer des pizzas

Essaie ces recettes d'inspiration classique ou plus moderne

1

Pizza aux tomates cerises

Voici une combinaison classique d'ingrédients et de saveurs. Dans les pizzerias, une pizza comme celle-là figurerait parmi les plus commandées !

Ingrédients

- Une boule de pâte à pizza (de la recette p. 40-41)
- 2 à 3 cuillerées à soupe de purée de tomate ou de passata
- Une boule de mozzarelle
- 1 barquette de petites tomates cerises
- Des feuilles de basilic fraîches, pour le service

Préparation

- Étale ta pâte à pizza sur un plan de travail fariné en un cercle qui rentrera dans ton moule ou ton plateau à pizza.
- Du dos d'une grande cuillère, étale sur la pâte la purée de tomates.
- Découpe soigneusement la mozzarelle en fines tranches.
- Répartis les tranches de mozzarella sur la pizza (en les faisant se chevaucher en bord de tranche), puis répartis ensuite les tomates cerises sur le fromage.
- Mets ta pizza à cuire dans un four préchauffé à 180 °C (Th. 6) pendant 20 minutes.
- Garnis de quelques feuilles fraîches de basilic au moment de servir.

2

Bouchées hawaiiennes

Voici des petites pizzas apéritives à base de jambon et d'ananas. Attention : elles risquent d'être englouties très vite ! Alors mets-t'en quelques-unes de côté si tu veux pouvoir y goûter.

Ingrédients

- Une boule de pâte à pizza (de la recette p. 40-41)
- 2 à 3 cuillerées à soupe de purée de tomate ou de passata
- 250 g de morceaux d'ananas en boîte, bien égouttés
- 60 g de jambon blanc découpé en petits carrés
- 150 g de mozzarelle râpée

Préparation

- Sur un plan de travail fariné, divise ta boule de pâte à pizza en 12 petites boules. Aplatis-les en petits cercles d'environ 8 cm de diamètre.
- Du dos d'une grande cuillère, étale sur chacun la purée de tomates.
- Dispose deux morceaux d'ananas et quelques carrés de jambon sur chaque pizza.
- Répartis un peu de mozzarelle râpée sur chacune.
- Mets tes pizzas à cuire dans un four préchauffé à 180 °C (Th. 6) pendant 15 minutes.

Un choix très vaste

Regarde ce dont tu disposes dans tes placards et ton réfrigérateur et à partir de cela, essaie de composer tes propres garnitures de pizzas. Voici quelques suggestions parmi un immense choix de possibilités.

Anchois — Jeunes feuilles d'épinard — Poivrons émincés — Ananas — Olives — Petits piments — Pepperoni — Tomates cerises

3

Un délice aux champignons

Pour les grands amateurs de pizzas, voici un must. Le mélange champignons et mozzarelle fond dans la bouche.

Ingrédients
- 1 cuillerée à soupe d'huile d'olive
- 125 g de champignons de Paris frais, coupés en tranches fines
- Une boule de pâte à pizza (de la recette p. 40-41)
- 2 à 3 cuillerées à soupe de purée de tomate ou de passata
- Une boule de mozzarella

Préparation
- Fais chauffer l'huile dans une poêle et fais-y revenir les champignons pendant 2 minutes.
- Étale ta pâte à pizza sur un plan de travail fariné en un cercle aussi fin que te le permettra la taille de ton moule ou plateau à pizza.
- Du dos d'une grande cuillère, étale sur la pâte la purée de tomates.
- Découpe soigneusement la mozzarelle en fines tranches.
- Répartis la mozzarelle et les champignons sur la pizza.
- Mets ta pizza à cuire dans un four préchauffé à 180 °C (Th. 6) pendant 20 minutes.

4

Des friandises parfum pizza

Ces petites pizzas façon sucette amuseront tout le monde pour une fête ou un pique-nique. Le mélange poivron-tomates est délicieux.

Ingrédients
- Une boule de pâte à pizza (de la recette p. 40-41)
- 2 à 3 cuillerées à soupe de purée de tomate ou de passata
- 150 g de mozzarella râpée
- Un demi-poivron jaune émincé
- 6 tomates cerises rouges coupées en deux
- 6 tomates cerises jaunes coupées en deux

Ustensiles spéciaux
- Des piques alimentaires allant au four

Préparation
- Sur un plan de travail fariné, divise ta boule de pâte à pizza en 12 petites boules. Aplatis-les en petits cercles d'environ 8 cm de diamètre. Plante une pique dans chaque cercle de pâte, par le côté, avant cuisson.
- Du dos d'une grande cuillère, étale sur chaque pizza la purée de tomates.
- Garnis tes pizzas de mozzarella râpée, de poivron et des deux sortes de tomates.
- Mets tes pizzas à cuire dans un four préchauffé à 180 °C (Th. 6) pendant 15 minutes.

Des sandwichs de luxe

Ces copieux sandwichs à trois niveaux réunissent du jambon, du poulet et du fromage. Mais tu peux aussi bien choisir n'importe quel autre ingrédient à ton goût pour les garnir. Les seules limites sont celles de ton imagination… et de ta gourmandise !

Pour 4 personnes — 10 minutes

Ingrédients

- 6 tranches de pain blanc (tu peux utiliser du pain de mie, mais le pain de la recette indiquée p. 32 donnera de meilleurs résultats).
- 4 cuillerées à soupe de mayonnaise
- 1 cuillerée à soupe de jus de citron
- 50 g de laitue iceberg, émincée
- 2 tranches de jambon blanc
- 2 tranches de fromage suisse ou de cheddar
- 1 tomate en tranches
- 50 g de blanc de poulet cuit, coupé en aiguillettes

Ustensiles

- Un couteau à pain
- Une planche à découper
- Un petit saladier
- Une cuillère métallique
- Des piques alimentaires

1
Mets le pain à toaster légèrement sur les deux faces dans un grille-pain ou sous le grill d'un four préchauffé à température moyenne (demande l'aide d'un adulte). Supprime les croûtes.

2
Dans un petit saladier, mélange la mayonnaise et le jus de citron. Assaisonne à ton goût, puis ajoute dans cette sauce la laitue émincée.

3
Répartis sur 2 tranches de pain toasté la moitié de la laitue dans sa sauce mayonnaise.

4
Place par-dessus une tranche de jambon, puis une tranche de fromage. Recouvre ensuite d'une tranche de pain, sur laquelle tu étaleras le reste de la laitue-mayonnaise.

5
Couvre la laitue de quelques tranches de tomates, puis d'aiguillettes de poulet. Pour finir, recouvre tes sandwichs des deux tranches de pain restantes.

6
Découpe chaque sandwich en quatre triangles et, pour les faire tenir, plante dans chacun d'eux une pique alimentaire sur toute leur épaisseur.

Des pittas garnies

Le tofu est un ingrédient nutritif et qui permet beaucoup de choses. La sauce utilisée dans cette recette lui donnera un bon goût de barbecue ainsi qu'une couleur bien appétissante.

1. **Dans un plat peu profond,** mélange ensemble tous les ingrédients de la marinade, et mets cela en réserve. Éponge bien le tofu avec un torchon et découpe-le en 8 longues tranches.

2. **Place le tofu** dans le plat avec la marinade. À l'aide d'une cuillère, recouvre les tranches de tofu de marinade jusqu'à ce qu'elles en soient entièrement enduites. Laisse le tofu mariner ainsi pendant au moins une heure.

3. **Enduis ta poêle-grill** d'une bonne dose d'huile d'olive, puis mets-la à chauffer à feu vif. Dépose précautionneusement 4 tranches de tofu dans la poêle.

4. **Laisse cuire le tofu** 4 minutes sur chaque face, ou jusqu'à ce qu'il dore bien. Pendant la cuisson, étale dessus de la marinade. Fais griller le reste du tofu de la même manière.

Ingrédients

- 250 g de tofu
- Un peu d'huile d'olive
- 3 feuilles de laitue romaine émincées
- 2 oignons de printemps, pelés et coupés en longues lanières
- Une poignée de pousses de luzerne (optionnel)
- 4 pains pitta complets, réchauffés au grille-pain ou au four

Pour la marinade

- 2 cuillerées à soupe de sauce chilli douce
- 2 cuillerées à soupe de ketchup
- 2 cuillerées à soupe de sauce soja
- ½ cuillerée à café de cumin en poudre

Ustensiles

- Un couteau d'office
- Une planche à découper
- Un torchon
- Une cuillère à dessert
- Un plat peu profond
- Une poêle-grill
- Une spatule ou des pinces alimentaires

5

Découpe soigneusement les pains pitta par le côté afin de les ouvrir en forme de poche. Répartis dedans les feuilles de laitue émincées, les lanières d'oignons et les pousses de luzerne, puis ajoute dans chacun deux tranches de tofu.

Pour 4 personnes — 80 minutes — 16 minutes

Des variantes

Si tu n'aimes pas le tofu, des aiguillettes de poulet, de dinde, de porc ou de bœuf, constituent d'excellentes garnitures de remplacement pour tes pittas. Et pour les légumes, un mélange tel que poivron, courgette et oignon peut aussi parfaitement faire l'affaire.

Un joli plateau de crudités

Ingrédients

- 1 concombre
- 2 branches de céleri
- 1 poivron rouge épépiné
- 1 poivron jaune épépiné
- 2 carottes
- 4 jeunes laitues sucrines
- 8 tomates cerises
- 4 fleurons de brocoli

Pour la crème à la ciboulette

- 8 cuillerées à soupe de crème fraîche
- 3 cuillerées à soupe de ciboulette ciselée
- 2 cuillerées à café de jus de citron

Pour la crème de yaourt à la menthe

- 250 g de yaourt nature
- ½ concombre râpé
- 2 cuillerées à café de feuilles de menthe séchées

Ustensiles

- Un couteau d'office
- Une planche à découper
- 8 ramequins colorés et un plateau (pour le service)
- 2 bols en verre
- 2 cuillères à soupe

Ce petit mélange sain et coloré saura se faire apprécier en toute occasion comme collation ou simple garniture en accompagnement d'un plat léger.

1.  **Découpe soigneusement le concombre,** les branches de céleri, le poivron et les carottes en bâtonnets.

2. **Dispose les bâtonnets** ainsi que les feuilles de laitue, les tomates cerises et les fleurons de brocoli dans des ramequins colorés sur un plateau et mets-les de côté.

3. **Mélange la crème fraîche,** la ciboulette et le jus de citron dans un bol en verre. Transfère le mélange dans un ramequin coloré pour le service.

4. **Dans un autre bol en verre**, mélange le yaourt nature, le concombre râpé et les feuilles de menthe séchées. Goûte et assaisonne à ton goût avec du sel et du poivre. Sers dans un ramequin coloré.

4 Pour 4 personnes — 20 minutes

Des variantes

Il existe beaucoup d'autres légumes et d'autres sauces à tester pour ton plateau de crudités. Tu peux, par exemple, essayer les haricots verts et les petits pois mange-tout avec du guacamole.

Quatre manières de préparer des hors-d'œuvre

Essaie ces délicieuses suggestions de bruschettas.

1

Bruschettas aux tomates cerises

Voici une délicieuse combinaison d'ingrédients et de saveurs. La mozzarelle fond dans la bouche et les tomates y laissent éclater leur jus.

Ingrédients

Cette recette est pour 4 personnes. Elle réclame 5 minutes de préparation et 2 minutes de cuisson.

- Une ciabatta tranchée
- 125 g de mini-boules de mozzarelle
- 1 barquette de tomates cerises
- 8 feuilles de basilic frais

Préparation

- Passe les tranches de ciabatta sous le grill jusqu'à ce qu'elles dorent. Il se peut qu'il reste une ou deux tranches inemployées en fin de recette.
- Découpe soigneusement les tomates cerises en deux.
- Dispose les boules de mozzarelle et les tomates cerises sur les tranches de ciabatta grillées.
- Ajoute deux petites feuilles de basilic sur chaque tartine.
- Tu peux servir tes bruschettas comme portions individuelles ou dans un grand plateau au centre de la table.

2

Bruschettas au jambon-fromage

Le goût salé du jambon et celui du fromage fondu font de ces bruschettas un délicieux hors-d'œuvre à déguster avec les amis ou en famille.

Ingrédients

Cette recette est pour 4 personnes. Elle réclame 5 minutes de préparation et 4 minutes de cuisson.

- Une ciabatta tranchée
- 125 g de jambon blanc
- 170 g de cheddar

Préparation

- Passe les tranches de ciabatta sous le grill jusqu'à ce qu'elles dorent. Il se peut qu'il reste une ou deux tranches inemployées en fin de recette.
- Découpe le jambon en minces bandes et le fromage en tranches assez épaisses.
- Dispose les tranches de fromage sur les tranches de ciabatta et ajoute le jambon en croisant les bandes.
- Passe à nouveau les bruschettas sous le grill pendant deux minutes ou jusqu'à ce que le fromage commence à faire des bulles. Attention à ne pas trop laisser cuire le jambon !
- Tu peux servir tes bruschettas comme portions individuelles ou dans un grand plateau au centre de la table.

Invente tes propres variantes

Une bruschetta est un hors-d'œuvre italien traditionnellement constitué de pain grillé frotté à l'ail, parfumé d'huile d'olive, salé et poivré. En garniture, tu peux aussi essayer les ingrédients ci-contre.

Fromage

jeunes feuilles d'épinards

Poivron rouge

basilic

Légumes rôtis

salami

tomates

3

Bruschettas au beurre de carottes

La garniture de beurre parfumé aux carottes fait de ces bruschettas un mets très apprécié. S'il te reste du beurre, tu peux le conserver quelques jours au réfrigérateur.

Ingrédients

Cette recette est pour 4 personnes. Elle réclame 1 heure de préparation et 2 minutes de cuisson.

- *Une ciabatta tranchée*
- *1 oignon finement émincé*
- *4 carottes finement râpées*
- *1 cuillerée à café de purée de tomate*
- *1 cuillerée à café d'origan séché*
- *225 g de beurre*

Préparation

• Fais revenir les oignons à feu moyen dans une cuillerée à café d'huile.

• Mélange les oignons, les carottes, la purée de tomate, l'origan et le beurre à l'aide d'un robot de cuisine.

• Place le mélange dans un saladier, couvre-le et laisse-le au réfrigérateur pendant une heure.

• Passe les tranches de ciabatta sous le grill jusqu'à ce qu'elles dorent.

• Étale généreusement le beurre de carotte sur les tranches de ciabatta grillées et sers-les comme portions individuelles ou dans un grand plateau au centre de la table.

• Tu peux compléter la garniture par quelques feuilles de coriandre fraîches.

4

Bruschettas au fromage et au concombre

Ces bruschettas toutes en fraîcheur sont idéales pour un buffet de fête. Découpe le reste du concombre en bâtonnets pour les servir en accompagnement.

Ingrédients

Cette recette est pour 4 personnes. Elle réclame 5 minutes de préparation et 4 minutes de cuisson.

- *Une ciabatta tranchée*
- *200 g de fromage blanc*
- *1 concombre*

Préparation

• Passe les tranches de ciabatta sous le grill jusqu'à ce qu'elles dorent. Il se peut qu'il reste une ou deux tranches inemployées en fin de recette.

• Étale uniformément le fromage blanc sur les bruschettas.

• Dans un concombre bien lavé, découpe avec un couteau d'office des lanières de peau épaisses, présentant une bonne épaisseur de chair en dessous. Avec des petits emporte-pièces de pâtisserie, découpe dedans des petites formes décoratives.

• Dispose les découpes de concombre sur les bruschettas. Tu pourras les servir en assiettes individuelles ou sur un plateau.

Les plats de RÉSISTANCE

Sers ton ragoût dans des petites cassolettes individuelles.

Un petit ragoût d'agneau

Ce ragoût est un copieux plat de résistance. La tendreté de la viande d'agneau, le bon jus des tomates, le croquant des pois chiches en font un mets des plus appétissants, à servir avec des petits pains croustillants.

Pour 6 personnes · 25 minutes · 20 minutes

1
Mets les dés d'agneau dans un saladier, recouvre-les avec la farine et le paprika et mélange bien le tout avec les mains pour bien enrober les morceaux de viande.

2
Fais chauffer l'huile dans un faitout à feu moyen, ajoute les oignons et fais-les revenir pendant 5 minutes en les remuant. Ajoute l'agneau et fais-le sauter de la même manière jusqu'à ce que les morceaux se colorent.

3
Verse ensuite l'ail et les pois chiches et laisse-les cuire une minute. Ajoute alors les tomates, porte le mélange à ébullition, puis laisse mijoter à feu doux pendant 15 minutes.

4
Assaisonne à ton goût avec du poivre noir moulu et du sel, puis ajoute les jeunes feuilles d'épinards dans le faitout et laisse encore cuire environ 3 minutes avant de servir.

Ingrédients

- 175 g de viande d'agneau maigre, dans le gigot ou le filet, coupée en dés de 2 cm
- ½ cuillerée à soupe de farine
- ¼ cuillerée à café de paprika
- 1 ½ cuillerée à soupe d'huile d'olive
- ½ gros oignon rouge émincé
- 2 belles gousses d'ail émincées
- 200 g de pois chiches en conserve, égouttés et rincés
- 400 g de tomates en conserve découpées
- 125 g de jeunes feuilles d'épinards
- Du sel et du poivre
- Des petits pains croustillants pour le service (optionnel)

Ustensiles

- Un grand saladier en verre
- Une grande casserole ou un faitout
- Une cuillère en bois
- 6 bols ou cassolettes individuelles pour le service

Ingrédients

- 2 pommes
- 2 cuillerées à soupe d'huile d'olive
- 6-8 saucisses au poulet, au porc, au bœuf ou végétariennes
- 1 oignon émincé
- 1 carotte découpée en dés
- 2 gousses d'ail finement émincées
- 110 g de bacon maigre, découpées en bouchées (optionnel)
- 1 cuillerée à café d'herbes de Provence
- 400 g de haricots en grains de variété borlotti ou pinto, en boîte, égouttés et rincés
- 4 cuillerées à soupe de tomates en conserve découpées
- 1 cuillerée à soupe de purée de tomates
- du sel et du poivre
- 400 ml de bouillon de poule ou de légumes

Ustensiles

- Un éplucheur
- Un couteau d'office
- Une planche à découper
- Un grand faitout avec couvercle pouvant aller au four ou bien une grande casserole et une grande cocotte avec couvercle
- Des gants de protection
- Une cuillère en bois
- Un pichet
- Une pince de cuisine

1
Pèle soigneusement les pommes à l'aide d'un éplucheur. Découpe-les en quartiers et ôtes-en le cœur. Puis découpe les quartiers en dés et réserve-les.

2
Préchauffe ton four à 200 °C (Th. 6 ½). Mets l'huile à chauffer dans une grande casserole ou un grand faitout pouvant aller au four et places-y les saucisses pendant 5 minutes environ en les tournant, jusqu'à ce qu'elles soient bien colorées.

3
Retire les saucisses du faitout ou de la casserole et réserve-les. Verse ensuite les oignons émincés et les carottes dans le même récipient et fais-les revenir 5 minutes à feu moyen en les remuant fréquemment.

4
Ajoute ensuite l'ail, le bacon et les herbes de Provence, mélange bien et laisse cuire pendant 6 minutes. Si tu n'utilises pas un faitout pouvant aller au four, transfère la préparation dans une grande cocotte.

5
Ajoute les haricots, les tomates, la purée de tomates, les pommes et les saucisses et mélange le tout. Verse ensuite le bouillon par-dessus et porte la préparation à ébullition.

6
Couvre le faitout (ou la cocotte) de son couvercle et enfourne-le dans le four préchauffé. Laisse cuire 25 minutes. La sauce devrait réduire et épaissir et les dés de pommes se ramollir.

Des saucisses au pot

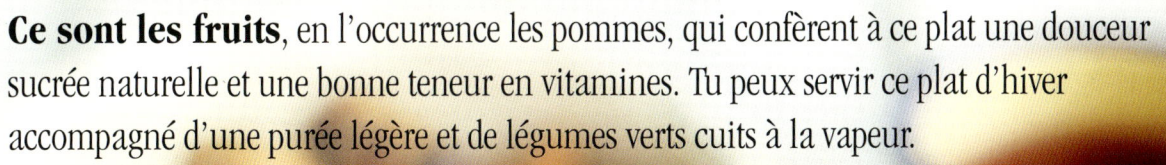

Ce sont les fruits, en l'occurrence les pommes, qui confèrent à ce plat une douceur sucrée naturelle et une bonne teneur en vitamines. Tu peux servir ce plat d'hiver accompagné d'une purée légère et de légumes verts cuits à la vapeur.

Pour 4 personnes — 20 minutes — 45 minutes

7   **Sois prudent** en sortant le faitout ou la cocotte du four car il (ou elle) sera très chaud(e). Assaisonne ton plat avec du sel et du poivre avant de servir.

Des pâtes à la viande

4 Pour 4 personnes — 5 minutes — 10 minutes

Voici un plat facile à préparer pour toi et ta famille. Le mélange de la viande de bœuf et des champignons est tout simplement délicieux.

Ingrédients

- 1 petit oignon finement émincé
- 1/2 cuillerée à soupe d'huile d'olive
- Du poivre noir moulu
- 250 g de viande de bœuf supérieure hachée
- 100 g de champignons de Paris émincés
- Une pincée d'origan séché
- 1 gousse d'ail finement émincée
- 400 g de tomates en conserve découpées
- 1 cuillerée à soupe de purée de tomates
- 1 cuillerée à café de pesto vert
- 200 g de pâtes tortiglioni

Ustensiles

- Une poêle
- Une cuillère en bois
- Une casserole
- Une passoire

1 **Fais revenir l'oignon** dans l'huile à feu doux dans une poêle. Assaisonne-le de poivre noir, puis ajoute le bœuf haché et fais cuire le tout en remuant bien jusqu'à ce que la viande ait perdu sa couleur rose.

2 **Ajoute les champignons,** l'origan, l'ail, les tomates et la purée de tomates et mélange bien le tout. Laisse mijoter 10 minutes à feu doux, puis ajoute le pesto.

3 **Pendant ce temps,** demande à un adulte de faire cuire les pâtes dans une casserole d'eau bouillante. Égoutte-les ensuite dans une passoire, mélange-les avec ta sauce à la viande et sers-les telles quelles.

Une salade de pâtes à la tomate

Même pas besoin de sauce pour accompagner cette salade de pâtes ! Elle est délicieuse nature et rapide à préparer. Les saveurs classiques de la tomate et du basilic s'accordent à la perfection.

Ingrédients

- 5 tomates épépinées et grossièrement découpées
- 2 gousses d'ail finement émincées
- Quelques feuilles fraîches de basilic
- 2 cuillerées à soupe d'huile d'olive extra vierge
- Du poivre noir moulu
- 200 g de pâtes farfalle
- Du parmesan fraîchement râpé pour le service

Ustensiles

- Un grand saladier en verre
- Une cuillère en bois
- Une grande casserole
- Une passoire

1
Mets les tomates, l'ail, le basilic et l'huile d'olive dans un saladier et assaisonne-les de poivre noir. Mélange bien ta préparation avec une cuillère en bois.

2
Demande à un adulte de faire cuire les pâtes dans une casserole d'eau bouillante. Ensuite, égoutte-les dans une passoire, puis mélange-les à tes tomates et sers-les telles quelles, sans plus de préparation.

Pour 4 personnes — 5 minutes — 10 minutes

Des lasagnes végétariennes

Ingrédients

- 2 gros oignons rouges
- 2 grosses carottes
- 2 grosses courgettes
- 2 poivrons rouges épépinés
- 1 aubergine de taille moyenne
- 2 poivrons jaunes épépinés
- 4 cuillerées à soupe d'huile d'olive
- 2 cuillerées à café de feuilles découpées de romarin frais
- 2 gousses d'ail écrasées
- 400 g de tomates en conserve découpées
- 1 cuillerée à soupe de purée de tomates
- 9 feuilles de pattes à lasagnes

Pour la sauce

- 60 g de beurre non salé
- 30 g de farine
- 500 ml de lait chaud
- 125 g de parmesan râpé

Ustensiles

- Une planche à découper
- Un couteau d'office
- Plat à rôtir métallique
- Des gants de protection
- Une grande casserole
- Une cuillère en bois
- Une petite casserole
- Un fouet
- Un plat à lasagnes (de 25 x 18 cm et profond de 5 cm environ)
- Une grande cuillère de service

Voici un plat qui plaît à tous ! Un repas à lui tout seul ! Mais notre préparation propose une variante pour changer un peu des lasagnes à la viande habituelles. Et rien ne t'empêche d'essayer d'autres saveurs encore.

1. Demande à un adulte de préchauffer le four à 220 °C (Th. 7 1/2). Découpe les oignons en quartiers. Découpe également tous les autres légumes en morceaux.

2. Dans un plat à rôtir métallique, mélange l'huile, le romarin et l'ail avec les légumes et assaisonne. Place le mélange à rôtir au four pendant 35 minutes, en remuant de temps en temps.

3. Chauffe doucement les tomates et la purée de tomates dans une grande casserole. Retire la casserole du feu et incorpore au mélange les légumes rôtis.

4. À feu doux, fais fondre le beurre dans une casserole. Ajoute la farine et laisse cuire 1 minute. Ajoute le lait en battant avec le fouet. Tourne jusqu'à ce que le mélange épaississe. Ajoute la moitié du parmesan et assaisonne.

Pour 6 personnes — 50 minutes — 1 heure 15 minutes

5
Réduis la température du four à 190 °C (Th. 6-6 ½). Étale un tiers des légumes dans le fond du plat à lasagne et recouvre-les de 3 feuilles à lasagnes.

6
Répands un autre tiers de légumes, recouvre d'une autre couche de feuilles à lasagnes. Ensuite étale par-dessus la moitié de la sauce puis le reste des légumes.

7
Pour finir, recouvre avec les feuilles à lasagne restantes et répands le reste de sauce par-dessus. Saupoudre le reste de parmesan sur la sauce et mets le plat au four pendant 35 minutes ou jusqu'à ce que le contenu bouillonne et dore.

59

Des variantes d'accompagnement

Ajoute de la variété à ce repas léger en le servant accompagné d'un mélange de légumes cuits à la vapeur ou d'une salade fraîche du jardin mêlée de tomates cerises et de tranches de concombre.

Des boules de riz

Voici un mets qui peut aussi bien tenir lieu de plat de résistance que d'entrée. Le moelleux du riz associé à la mozzarella fondue donnent de délicieuses bouchées à la texture délicate.

Pour 4 personnes — 30 minutes — 5 minutes

Ingrédients

- 225 g de riz Arborio ou autre variété pour le risotto, cuit
- Du poivre noir moulu
- 1 grosse boule de mozzarella au lait de bufflone, découpée en cubes
- 1 œuf battu
- 2 tranches de pain toasté réduites en chapelure
- de l'huile d'olive pour faire frire les boules
- De la sauce salsa, pour le service
- De la salade verte, à servir en accompagnement

Ustensiles

- Un saladier en verre
- Une grande assiette
- Une grande cuillère
- Un bol
- Un grand plat
- Une grande casserole
- Une passoire
- Du papier de cuisine absorbant

1
Assaisonne généreusement le riz préalablement cuit avec du poivre noir et mélange bien avec une cuillère pour bien répartir le poivre. Modèle le riz en 12 boules de taille égale.

2
Ménage un trou dans chaque boule de riz. Insère un dé de mozzarella au cœur de la boule, puis referme le trou afin d'enfermer le fromage dans le riz.

3
Enrobe complètement les boules de riz de chapelure

Plonge chaque boule de riz dans l'œuf battu et roule-la ensuite dans de la chapelure (du pain ou un toast réduit en miettes fines à l'aide d'un robot – voir préparation p. 9).

4
Sous le contrôle d'un adulte, fais frire les boules de riz dans de l'huile d'olive à feu moyen, pendant 2 à 3 minutes chacune, jusqu'à ce qu'elles soient dorées. Une fois sorties de l'huile, laisse-les s'égoutter sur du papier de cuisine absorbant. Sers-les accompagnées de feuilles de salade et de sauce salsa.

61

Un jambalaya

Voici une recette colorée d'origine créole ou cajun, tout droit venue de Louisiane, aux États-Unis. Elle est facile à préparer car tous les ingrédients sont cuisinés dans le même récipient.

Pour 4 personnes — 20 minutes — 50 minutes

Ingrédients

- 250 g de riz complet
- 1 gros oignon émincé
- 6 blancs de poulet sans la peau
- 200 g de jambon fumé
- 2 cuillerées à soupe d'huile d'olive
- 2 grosses gousses d'ail émincées 
- 1 poivron rouge épépiné et coupé en dés
- 1 piment vert épépiné et finement émincé (optionnel)
- 1 cuillerée à café de paprika
- 1 cuillerée à café de feuilles de thym déshydratées
- 700 ml de bouillon de poule ou de légumes chaud
- 3 cuillerées à soupe de tomates en conserve découpées
- 50 g de petits pois

Ustensiles

- Une passoire
- Un couteau d'office
- Une planche à découper
- Une grande casserole avec couvercle
- Une cuillère en bois

1
Verse le riz dans une passoire et rince-le abondamment sous l'eau froide jusqu'à ce qu'elle ressorte bien claire. Cette opération empêche les grains de coller à la cuisson

2
Émince l'oignon finement et réserve-le. Découpe soigneusement les blancs de poulet et le jambon fumé en petits morceaux. Mets l'huile à chauffer dans une grande casserole.

3
Fais revenir le poulet et les oignons dans l'huile pendant 8 minutes à feu moyen jusqu'à ce que la viande soit bien dorée. Remue fréquemment avec une cuillère en bois afin que le contenu n'attache pas.

4
Ajoute le jambon fumé, l'ail, le poivron rouge et le piment et laisse cuire pendant 2 minutes. Ajoute le paprika, le thym, le riz, le bouillon et les tomates. Mélange le tout et porte à ébullition.

5
Réduis la flamme sous la casserole à feu doux, place le couvercle et laisse mijoter pendant 35 minutes ou jusqu'à ce que le riz soit cuit et toute l'eau absorbée. Assaisonne et mélange bien avant de servir.

Des variantes pour régime spécial

Cette recette peut être facilement adaptée pour les végétariens en remplaçant le poulet et le jambon par d'autres légumes, des saucisses préparées sans viande, des haricots ou du tofu.

Une salade de pommes de terre

Cette salade de pommes de terre toute simple est un classique.
La sauce mayonnaise habituelle y est remplacée par une sauce plus légère
à la crème fraîche, parfumée à la ciboulette.

Ingrédients

- 500 g de pommes de terre nouvelles
- 3 cuillerées à soupe de crème fraîche allégée
- 3 cuillerées à soupe de yaourt allégé
- 2 cuillerées à soupe de ciboulette fraîche ciselée (feuilles découpées en petit tronçons très fins)

Ustensiles

- Un couteau
- Une planche à découper
- Une casserole
- 2 saladiers dont un petit
- Une grande cuillère métallique

1  **Lave bien** les pommes de terre. Assure-toi qu'aucune trace de terre ne reste accrochée à leur peau. Coupe les plus grosses en deux.

2 **Mets les pommes de terre à cuire** dans de l'eau bouillante légèrement salée pendant 12 à 15 minutes. Puis égoutte-les et laisse-les refroidir avant de les placer dans un saladier.

3 **Dans un petit saladier,** mélange la crème fraîche, le yaourt et la ciboulette.

4 **Verse cette sauce à la crème fraîche** sur les pommes de terre. Assaisonne à ton goût. Place ta préparation au réfrigérateur jusqu'au moment de servir.

64

Pour 4 personnes — 5 minutes — 15 minutes

Des croquettes de poisson

Pour 4 personnes — 15 minutes — 25 minutes

En purée, bouillies, rôties, frites ou sautées, les pommes de terre peuvent être préparées de mille et une manières. Écrasées et mélangées à du poisson en de croustillantes croquettes, elles font une gourmandise fondante.

Ingrédients

- 250 g de filets de haddock (aiglefin légèrement salé et fumé) non teint
- 1 feuille de laurier fraîche
- 300 ml de lait
- 375 g de pommes de terre non pelées, bouillies et écrasées
- 8 petits oignons finement émincés
- 100 g de maïs en boîte
- 4 œufs durs découpés en morceaux
- 2 cuillerées à soupe de persil frais, découpé
- 1 zeste de citron
- 8 cuillerées à soupe de crème fraîche épaisse
- 2 jaunes d'œufs
- 2 œufs
- 100 g de farine
- 125 g de chapelure (voir préparation p. 9)
- 1 cuillerée à soupe de beurre
- 2 cuillerées à soupe d'huile d'olive
- De la sauce salsa pour le service
- Des quartiers de citron, pour le service

Ustensiles

- Une poêle peu profonde
- Un grand saladier
- Une fourchette
- Une cuillère
- 2 petits saladiers en verre
- Un fouet
- Une planche à découper
- Un plat large et peu profond
- Une grande assiette
- Une poêle à frire
- Une spatule

1 **Dans une poêle peu profonde**, fais cuire les filets de haddock dans le lait avec la feuille de laurier. Laisse-les mijoter 5 à 10 minutes. Laisse le poisson refroidir puis retire la peau et les éventuelles arêtes et émiette la chair.

2 **Mélange le poisson,** les pommes de terre écrasées, les petits oignons émincés, le maïs, les œufs durs découpés, le persil et le zeste de citron. Dans un petit saladier, bats la crème fraîche avec les jaunes d'œufs et ajoute cette préparation à ton mélange.

3 **Sépare ton mélange** en quatre portions égales et modèle-les en parts circulaires et aplaties. Passe chacune dans de la farine étalée dans une assiette. Enrobe-les bien mais laisse retomber la farine en excès.

4 **Casse deux œufs** dans un petit saladier et bats-les. Transfère les œufs battus dans un plat large et peu profond. Trempes-y chaque croquette de façon à bien en imbiber la surface.

5 **Passe chaque croquette** recouverte d'œuf battu dans la chapelure pour bien les enrober.

6 **Mets l'huile et le beurre** à chauffer dans une poêle à frire et dépose dedans délicatement les croquettes de poisson. Laisse-les cuire à feu pas trop fort pendant 4 à 5 minutes sur chaque face, jusqu'à ce qu'elles soient bien dorées.

Des pâtés aux pommes de terre

Pour 4 personnes — **30 minutes** — **1 heure**

Voici un plat nourrissant, fait pour caler les grosses faims. Tu peux le préparer avec de la viande de bœuf, de porc, d'agneau, ou avec du steak haché de soja. Si tu ne disposes pas de quatre cassolettes, tu peux aussi bien le présenter dans un grand plat.

1
Préchauffe ton four à 200 °C (Th. 6 ½). Pèle l'oignon et émince-le. Épluche la carotte et coupe-la en dés. Pèle et écrase la gousse d'ail.

2
Mets l'huile à chauffer dans une casserole et fais-y revenir la viande de bœuf pendant 4 minutes environ, jusqu'à ce qu'elle brunisse, en la remuant sans cesse. Ajoute l'oignon, la carotte, le romarin et l'ail et laisse revenir encore 3 à 5 minutes.

3
Ajoute les champignons, le bouillon, la purée de tomate, la sauce Worcestershire et les tomates. Porte le tout à ébullition, puis réduis la flamme sous la casserole et laisse mijoter 20 minutes. Assaisonne.

4
Remplis à moitié une casserole d'eau et porte-la à ébullition. Épluche et découpe les pommes de terre et plonge-les dans l'eau bouillante additionnée de sel. Laisse-les bouillir 12 à 15 minutes.

5
Une fois cuites, égoutte les pommes de terre dans une passoire puis replace-les dans la casserole de cuisson. Écrase-les avec un presse-purée en les mélangeant avec le lait, le beurre et la moitié du fromage.

6
Place les cassolettes sur un plateau de cuisson et remplis-les à quantité égale avec la viande cuisinée. Recouvre ensuite chacune de purée de pommes de terre et saupoudre-les du reste de cheddar. Enfourne et laisse cuire 25 à 30 minutes environ jusqu'à ce que la purée dore.

Ingrédients

- 1 oignon
- 1 carotte
- 1 gousse d'ail
- 1 cuillerée à soupe d'huile d'olive
- 500 g de viande de bœuf maigre, hachée
- 2 cuillerées à café de feuilles de romarin ciselées (optionnel)
- 125 g de champignons de Paris, coupés en quartiers
- 150 ml de bouillon de bœuf
- 1 cuillerée à soupe de purée de tomates
- 2 cuillerées à café de sauce Worcestershire (optionnel)
- 400 g de tomates en boîte, coupées
- Du sel et du poivre pour l'assaisonnement

Pour la garniture de pommes de terre

- 550 g de pommes de terre
- 1 pincée de sel
- 2 cuillerées à soupe de lait
- 30 g de beurre doux
- 75 g de cheddar râpé

Ustensiles

- Des gants de protection
- Une planche à découper
- Un éplucheur
- Un couteau d'office
- Un presse-ail
- 2 grandes casseroles
- Une cuillère en bois
- Une passoire
- Un presse-purée
- Quatre cassolettes allant au four
- Un grand plat ou une plaque de cuisson
- Une fourchette
- Une cuillère à dessert

Pour 6 personnes — 30 minutes — 40 minutes

Tu peux servir ce plat avec de la sauce salsa et des chips de tortilla.

70

Un chilli con carne

Cette recette d'origine mexicaine pleine de caractère est plutôt épicée. Alors si tu préfères que ça ne pique pas trop, réduis la quantité de piment utilisée. Il s'agit d'un plat très nourrissant ; la viande et les haricots sont pleins de protéines. Si tu ne consommes pas tout au cours du même repas, tu peux sans problème conserver les restes au réfrigérateur pour le lendemain.

Ingrédients

- 1½ gros oignon coupé en dés
- 250 g viande de bœuf maigre, hachée
- 1 gousse d'ail finement émincée
- 1½ cuillerée à soupe d'huile d'olive
- ½ piment vert finement émincé
- ¼ cuillerée à café de piment en poudre
- ¼ cuillerée à café de paprika
- 400 g de haricots rouges en conserve, rincés et égouttés
- 1 feuille de laurier
- 400 g de tomates en boîte, coupées
- ½ cuillerée à café de feuilles d'origan séchées
- Du sel et du poivre pour l'assaisonnement
- Du riz basmati pour l'accompagnement
- Des chips de tortilla et de la sauce salsa, pour le service

Ustensiles

- Une poêle à frire
- Une cuillère en bois
- Une passoire
- Un saladier en verre
- 4 ramequins ou petits plats pour le service

1
Fais chauffer l'huile dans une poêle et fais-y revenir les oignons et la viande pendant 5 minutes. Incorpore l'ail, le piment, le piment en poudre et le paprika. Mélange bien et laisse cuire 5 minutes.

2
Ajoute les haricots rouges et la feuille de laurier et laisse revenir le tout 2 minutes. Un petit rappel : sois toujours très prudent devant une cuisinière en fonction ! Cuisine toujours en présence d'un adulte.

3
Ajoute les tomates et l'origan. Porte le mélange à ébullition, assaisonne, puis réduis le feu sous la poêle pour laisser mijoter à feu doux pendant 40 minutes, et remue de temps en temps.

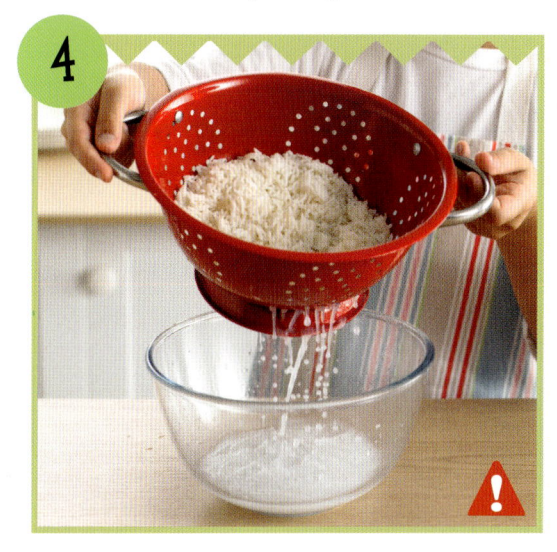

4
Pendant ce temps, fais cuire du riz en suivant les conseils inscrits sur le paquet. Égoutte-le dans une passoire. Présente-le en accompagnement du chilli con carne, dont tu auras pris soin d'ôter la feuille de laurier avant de le servir.

Des mini-burgers

Ingrédients

- 250 g de viande de bœuf hachée
- 50 g de parmesan fraîchement râpé
- 30 g de chapelure fraîche
- 1½ cuillerée à soupe d'huile d'olive
- ½ gousse d'ail écrasée
- ½ oignon finement émincé
- 1 œuf
- 1 cuillerée à café de feuilles d'origan séchées
- De l'huile d'olive pour la cuisson
- 16 petits pains miniatures
- 2 tomates finement tranchées
- Des feuilles de salade verte
- Un pot de 400 g de ketchup ou de sauce salsa de qualité

Ustensiles

- Un saladier en verre
- Un plateau
- Du papier sulfurisé
- Une poêle à frire
- Une spatule
- Une planche à découper
- Un couteau
- Des brochettes en bois pour piquer les mini-burgers

Difficile de faire plus sympa que ces mini-burgers ! Prépare-les pour un brunch ou un repas-télé en famille ou avec tes copains. Bientôt, tous te demanderont quand tu as l'intention d'en refaire !

1 **Recouvre un plateau** d'une feuille de papier sulfurisé. Avec des mains bien propres, mélange tous les ingrédients pour les burgers : la viande de bœuf, le fromage, la chapelure, l'huile, l'ail, l'oignon, l'œuf et l'origan.

2 **Avec le mélange**, fais des boulettes à peu près de la taille d'une noix et aplatis-les. Dispose-les sur le plateau et place l'ensemble pendant 30 minutes au réfrigérateur. Lave-toi bien les mains après avoir touché à la viande.

3  **Faits frire les burgers** dans de l'huile d'olive chauffée à feu moyen dans une poêle, à raison de 5 minutes sur chaque face. Pique une fourchette dans la viande : si le jus qui en sort est clair, c'est qu'elle est cuite.

4 **Coupe soigneusement** les petits pains en deux. Garnis-les d'un burger cuit, d'une tranche de tomate, d'une feuille de salade et de ketchup ou de sauce salsa. Pique chaque sandwich d'un morceau de brochette pour le faire tenir. C'est prêt à servir !

Une variante très appréciée

Ajoute à chaque burger une tranche de cheddar : ça fera des cheese burgers !

Pour 6 personnes — 30 minutes — 15 minutes

Du poulet-barbecue

Par une belle journée d'été, le mieux est de faire cuire cette viande sur un barbecue dans le jardin. Mais le poulet sera également excellent cuit au grill à l'intérieur puisque c'est la marinade qui lui donne toute sa saveur.

Ingrédients

- 2 cuillerées à soupe de ketchup
- 2 cuillerées à soupe de sauce soja
- 2 cuillerées à soupe de jus d'orange frais
- 1 cuillerée à soupe d'huile de tournesol
- 3 cuillerées à soupe de miel liquide transparent (d'acacia, par exemple)
- 1 gousse d'ail écrasée
- 1 cuillerée à café de moutarde
- 8 pilons de poulet

Ustensiles

- Un petit saladier
- Un fouet
- Du papier absorbant
- Un couteau d'office
- Une planche à découper
- Du film étirable
- Des gants de protection
- Une plaque de grill garnie d'aluminium
- Une pince de cuisine
- Une cuillère à dessert
- Un grand plat d'environ 5 cm de profondeur
- Un bol

1
Pour préparer la marinade, réunis tous les ingrédients, à l'exception des pilons de poulet, dans un saladier et bats l'ensemble pour bien les mélanger. Verse ensuite ce liquide dans un grand plat peu profond.

2
Éponge bien les pilons de poulet avec du papier absorbant. Avec un couteau, pratique 3 profondes entailles dans chacun. Cela permettra à la viande de mieux absorber la marinade.

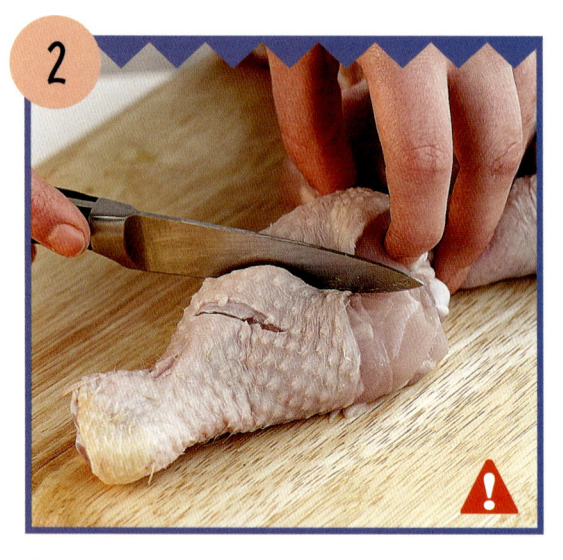

3
Plonge les pilons dans le plat de marinade et roule-les dedans entièrement afin de bien les enrober. Laisse-les ensuite mariner dans le plat, recouverts de film étirable, pendant 1 heure au réfrigérateur.

4
Préchauffe ton four à 180 °C (Th. 6). Dépose les pilons de poulet (face non entaillée vers le haut) sur une plaque de grill recouverte d'une feuille d'aluminium. Récupère le reste de marinade dans un bol. Enfourne les pilons et laisse-les cuire 20 à 25 minutes, en les arrosant de marinade à la mi-cuisson.

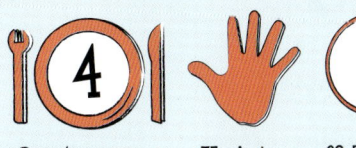

Pour 4 personnes — 75 minutes — 28-35 minutes

5

Coupe le four le four et allume le grill. Arrose à nouveau les pilons de marinade et finis de les faire cuire sous le grill pendant 8 à 10 minutes.

6

Tandis qu'ils rôtissent sous le grill, retourne les pilons de poulet à mi-cuisson et arrose-les encore de marinade. En plus de renforcer leur saveur, cela leur permettra de conserver leur moelleux.

Laisse cuire les pilons jusqu'à ce que la peau croustille.

75

Quatre façons de préparer des brochettes

Voici des recettes amusantes et faciles à cuisiner.

1

Un saté de poulet

Voici une recette de brochettes populaire, d'origine indonésienne. La sauce « saté » qui l'accompagne, à base de cacahuètes, lui donne toute sa saveur.

Ingrédients

Cette recette est pour 4 personnes. Elle réclame 20 minutes de préparation et 16 minutes de cuisson.

- 500 g de blancs de poulet
- 1/2 citron vert, coupé en quartiers pour l'accompagnement
- Voir p. 82 les ingrédients pour préparer la sauce saté

Préparation

- Prépare une sauce saté dans un saladier. Réserves-en une partie pour servir en accompagnement.

- Découpe les blancs de poulet en gros cubes de 4 cm et verse-les dans le saladier de sauce saté. Laisse-les mariner au réfrigérateur pendant 1 heure.

- Pique les cubes de poulet sur de courtes brochettes (ou des brochettes en bois ordinaires coupées en deux).

- Fais cuire les brochettes au grill pendant 8 minutes environ sur chaque face. Sers-les chaudes avec des quartiers de citron vert et de la sauce saté dans un bol pour les y tremper avant de les déguster.

Pour qu'elles ne brûlent pas à la cuisson, mets toujours les brochettes en bois à tremper préalablement dans de l'eau froide pendant 30 minutes.

2

Des brochettes au tofu

Ces brochettes colorées feront une parfaite recette végétarienne pour un barbecue estival.

Ingrédients

Cette recette est pour 4 personnes. Elle réclame 80 minutes de préparation et 20 minutes de cuisson.

Pour les brochettes

- 250 g de tofu ferme
- 2 petites courgettes, coupées chacune en 8
- 2 oignons rouges de taille moyenne, coupés chacun en 8
- 1 poivron rouge de taille moyenne, épépiné et coupé en 16

Pour la marinade

- 2 cuillerées à soupe d'huile d'olive
- 1 cuillerée à soupe de sauce soja
- 3 cuillerées à soupe de sauce haricot noir (type de sauce soja)
- 1 cuillerée à soupe de miel liquide
- 2 gousses d'ail écrasées
- Des feuilles de salade pour l'accompagnement

Préparation

- Découpe le tofu en 16 cubes. Place ceux-ci dans un plat avec les courgettes, les oignons et le poivron rouge.

- Mélange dans un grand plat les ingrédients de la marinade. Assaisonne. Déposes-y les cubes de tofu et les légumes et remue-les bien dans la marinade avec une cuillère pour bien les enrober. Puis laisse-les mariner au réfrigérateur pendant 1 heure.

- Pique les cubes de tofu et les légumes sur 8 brochettes.

- Passe ensuite les brochettes au grill pendant 15 à 20 minutes. Enduis-les de marinade au pinceau de cuisine en début de cuisson et une seconde fois à mi-cuisson au moment de les tourner.

Courgette jaune
Champignons de Paris
Oignons
Halloumi (fromage chypriote)
Aubergine

Essaie tes propres recettes

Fais des expériences culinaires en associant divers ingrédients sur tes brochettes. Utilise la sauce barbecue de la p. 82 pour accompagner des brochettes bœuf-oignon, par exemple. Fais des essais avec les ingrédients présentés ci-contre… mais pas tous sur la même brochette !

3

Des brochettes d'agneau

L'agneau est délicieux lorsque sa saveur est relevée d'herbes et d'épices. Le voici par exemple en brochettes accompagné d'une crème de yaourt à la menthe.

Ingrédients

Cette recette est pour 4 personnes. Elle réclame 20 minutes de préparation et 20 minutes de cuisson.

- 450 g de viande d'agneau hachée
- 1 petit oignon finement émincé
- 1 gousse d'ail
- 1/2 cuillerée à café de cannelle moulue
- 2 cuillerées à café de cumin moulu
- 1 cuillerée à café de coriandre moulue
- De l'huile d'olive
- 1 cuillerée à café de feuilles de menthe séchées
- 1/2 citron pour l'accompagnement
- Voir p. 48 les ingrédients de la crème de yaourt à la menthe

Préparation

• Dans un saladier, place la viande d'agneau hachée, l'oignon émincé, l'ail, la cannelle, le cumin et la coriandre. Malaxe bien les ingrédients jusqu'à ce qu'ils soient intimement mélangés.

• Sépare le mélange en 12 portions. Donne à chacune la forme d'une saucisse et passe une brochette à travers. Roule bien la viande pour l'allonger sur chaque brochette.

• Dispose les brochettes sur une plaque de cuisson et enduis-les d'huile au pinceau de cuisine. Passe-les au grill environ 5 minutes de chaque côté, jusqu'à ce qu'elles dorent. Transfère-les dans un plat de service et saupoudre-les de menthe séchée.

4

Des brochettes de crevettes et de poivron

Voici encore des brochettes pleines de couleurs et de saveur. N'oublie pas de les arroser d'un bon jus de citron vert au moment de les servir.

Ingrédients

Cette recette est pour 4 personnes. Elle réclame 25 minutes de préparation et 15 minutes de cuisson.

Pour la marinade
- Le jus d'un citron
- Le jus d'un citron vert
- 2 cuillerées à soupe de sauce soja
- 1 gousse d'ail écrasée
- 1 cuillerée à café de sucre blond

Pour les brochettes
- 1/2 poivron rouge
- 1/2 poivron jaune
- 8 tomates cerises
- 4 épis de maïs miniatures
- 150 g de crevettes roses cuites

Préparation

• Prépare la marinade en mélangeant tous les ingrédients dans un pichet. Découpe soigneusement les poivrons et les jeunes maïs en morceaux.

• Pique les légumes et les crevettes sur les brochettes. Une fois garnies, place celles-ci dans un plat rectangulaire et verse par-dessus la marinade. Laisse-les mariner au réfrigérateur pendant une heure. Retourne-les au bout de 30 minutes.

• Passe ensuite tes brochettes au grill pendant 15 minutes en arrosant les crevettes de marinade toutes les 5 minutes.

Une tarte aux légumes

Voici un plat qui se mange froid. Il sera idéal en plat principal pour un dîner léger. Goûte-le accompagné de pommes de terre en salade et d'une salade verte.

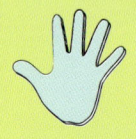

Pour 6 personnes — 135 minutes — 65 minutes

Ustensiles

- Une passoire
- Un saladier
- Un couteau
- Une fourchette
- Une cuillère à soupe
- Du film étirable
- Un rouleau à pâtisserie
- Un moule à tarte à fond amovible, d'environ 20 cm de diamètre
- Un couteau de table
- Du papier sulfurisé
- Des gros haricots secs
- Une paire de gants de protection
- Un pichet
- Un fouet

Ingrédients

- 225 g de farine, et un supplément pour étaler la pâte
- Une pincée de sel
- 90 g de beurre doux coupé en cubes
- 30 g de graisse végétale ou de saindoux coupé(e) en cubes
- 2 cuillerées à soupe d'eau
- 100 g de poivron rouge, épépiné, coupé en morceaux
- 125 g de maïs
- 125 g de petits pois
- 1 petit poireau coupé en rondelles revenues au beurre
- 2 œufs battus
- 100 ml de lait
- 100 ml de crème fraîche
- 30 g de cheddar râpé

1
Tamise la farine dans un saladier et ajoute le sel. Ajoute dedans les cubes de beurre et de graisse et écrase-les entre tes doigts dans la farine pour faire une pâte sablée (voir p. 10).

2
Une fois que le mélange a pris un aspect sableux homogène, ajoute l'eau goutte à goutte et mélange avec un couteau. Lorsque le mélange commence à former des grumeaux, rassemble la pâte en boule entre tes mains..

3
Aplatis la pâte à la main en un rond épais et enveloppe-la dans du film étirable. Place-la au frais pendant 1 heure au réfrigérateur pour la raffermir. Graisse ton moule à tarte et farine légèrement ton plan de travail.

4
Étale la pâte au rouleau en un rond un peu plus large que ton moule à tarte. Garnis le moule avec la pâte en la plaquant délicatement contre le fond et les bords et coupe la pâte en excès à l'aide d'un couteau. Pique le fond de pâte avec une fourchette et place-la à nouveau 15 minutes au réfrigérateur. Pendant ce temps, préchauffe ton four à 200 °C (Th. 6 ½).

5
Recouvre la pâte d'une double épaisseur de papier sulfurisé et leste l'intérieur de haricots secs. Mets-la à cuire telle quelle au four pendant 15 minutes, puis retire le papier et les haricots et laisse-la cuire encore 5 minutes. Cette méthode de cuisson permet à la pâte de rester ferme lorsqu'on y ajoute la garniture liquide.

6
Réduis la température du four à 180 °C (Th. 6). Étale les légumes sur le fond de pâte. Bats ensemble le lait, les œufs et la crème fraîche et verse le mélange sur les légumes dans la tarte. Saupoudre la surface de cheddar râpé et enfourne la tarte pour 45 minutes. Sors-la et laisse-la refroidir avant de servir.

Un feuilleté de tomates confites et d'aubergines

Les tomates cuites longuement à feu doux confisent, restant ainsi fermes, juteuses et pleines de goût. Combinées aux aubergines, elles composent un délicieux ensemble de textures et de saveurs.

Ingrédients

- 6 grosses tomates bien mûres, coupées en deux
- 2 gousses d'ail finement émincées
- 1 cuillerée à soupe d'origan séché
- 8 cuillerées à soupe d'huile d'olive vierge
- Du poivre et du sel pour l'assaisonnement
- 1 grosse aubergine coupée en fines tranches
- Quelques pincées de paprika
- 8 cuillerées à soupe de yaourt nature
- 2 cuillerées à soupe de miel liquide
- 4 cuillerées à soupe d'éclats d'amandes grillées

Ustensiles

- Un plateau de cuisson
- Un bol
- Une cuillère
- Une passoire
- Du papier absorbant
- Un saladier
- Une poêle-grill
- 4 petits plats individuels pour le service

1
Dispose les tomates face coupée vers le haut sur un plateau de cuisson. Dans un bol, mélange l'ail, l'origan et la moitié de l'huile d'olive, et assaisonne le tout de sel et de poivre. Répartis ce mélange sur les tomates.

2
Préchauffe ton four à 150 °C (Th.5). Mets-y les tomates à cuire pendant 2 à 3 heures, en surveillant la cuisson. Elles vont se ratatiner mais rester d'un rouge vif. Une fois confites, sors-les et laisse-les refroidir.

3
Étale les tranches d'aubergine dans une passoire en les salant un peu entre chaque couche. Laisse-les ainsi 30 minutes puis rince-les bien sous l'eau et sèche-les avec un torchon propre ou du papier absorbant.

4
Place les tranches d'aubergine dans un saladier, verse dessus le reste d'huile d'olive et saupoudre-les de paprika. Malaxe-les un peu en les froissant à la main comme pour faire une présentation en chiffonnade.

4 Pour 4 personnes — 40 minutes — 190 minutes

5 Fais chauffer une poêle-grill et déposes-y les aubergines, une seule couche à la fois. Fais-les revenir des deux côtés jusqu'à ce qu'elles dorent et se ramollissent bien. Dépose chaque poêlée dans une assiette pendant que tu fais revenir le reste.

6 Pour servir, empile, en les alternant, les tranches d'aubergines et les moitiés de tomates dans 4 petits plats individuels. Nappe chaque feuilleté de deux cuillerées à soupe de yaourt nature et d'une demi-cuillerée à soupe de miel. Enfin, saupoudre-les d'une demi-cuillerée à soupe d'amandes grillées.

Quatre manières de préparer des sauces

Essaie ces sauces qui accompagneront beaucoup de plats.

1

La sauce tomate avec des morceaux

Cette sauce copieuse et savoureuse peut être préparée pour un plat de lasagnes si tu doubles les quantités d'ingrédients indiquées, ou pour accompagner un simple plat de pâtes.

Ingrédients

Cette recette est pour 4 personnes. Elle réclame 3 minutes de préparation et 5 minutes de cuisson.

- 1 oignon
- 1 gousse d'ail
- 2 cuillerées à soupe d'huile d'olive
- 400 g de tomates en boîte
- 1 cuillerée à soupe de purée de tomates

Préparation

- Émince l'oignon et écrase les gousses d'ail avec un presse-ail.
- Fais chauffer l'huile à feu doux dans une casserole et ajoute l'ail et l'oignon. Fais-les revenir doucement quelques minutes jusqu'à ce que l'oignon dore.
- Verse dans la casserole les tomates en boîte (découpées en dés plus petits si elles sont trop grosses) et la purée de tomates. Fais cuire en remuant pendant 3 minutes.

2

La sauce saté croustillante

Pour cette recette, tu peux utiliser du beurre de cacahuètes ordinaire mais elle n'en sera que meilleure s'il contient en plus des morceaux de cacahuètes grillés.

Ingrédients

Cette recette est pour 4 personnes. Elle réclame 5 minutes de préparation et 6 minutes de cuisson.

- 1½ oignon
- 20 g de gingembre frais
- 3 gousses d'ail
- 4½ cuillerées à soupe d'huile végétale
- 3 cuillerées à soupe de sauce soja
- 9 cuillerées à soupe d'eau
- 4½ cuillerées à soupe de sucre blond
- 15 cuillerées à soupe de beurre de cacahuètes croustillant
- Le jus de 2 citrons verts

Préparation

- Pèle l'oignon et émince-le finement.
- Pèle le gingembre et râpe-le grossièrement, puis pèle et écrase l'ail.
- Fais chauffer l'huile dans une casserole. Fais-y revenir doucement l'oignon 3 minutes jusqu'à ce qu'il ramollisse. Ajoute le gingembre et l'ail et laisse cuire quelques minutes en remuant. Laisse le mélange refroidir.
- Verse ta préparation dans un petit saladier avec la sauce soja, l'eau, le sucre, le beurre de cacahuètes et le jus de citron vert et bats le tout au fouet.
- Cette sauce est parfaite pour accompagner les brochettes de poulet présentées p. 76.

Procure-toi ces ustensiles

Il te seront nécessaires pour préparer la plupart des sauces. Comme son nom le suggère, la saucière est une casserole munie d'un couvercle faite pour préparer les sauces. La cuillère en bois sert à remuer, le fouet à battre et à bien mélanger les ingrédients.

Casserole saucière
Cuillère en bois
Fouet
Couteau

3

La sauce blanche fromagée

Cette sauce est une variante de la sauce béchamel utilisée traditionnellement dans les plats de lasagnes (voir p. 58-59). Elle peut aussi accompagner des pâtes avec du bacon frit.

Ingrédients

Cette recette est pour 6 personnes (utilisée pour des lasagnes). Elle réclame 5 minutes de préparation et 6 minutes de cuisson.

- 60 g de beurre doux
- 30 g de farine
- 500 ml de lait chaud
- 60 g de parmesan râpé
- Du sel et du poivre pour l'assaisonnement

Préparation

- Fais fondre le beurre dans une petite casserole, à feu doux.

- Incorpore la farine en remuant et laisse cuire 1 minute. Puis incorpore progressivement le lait en remuant avec un fouet. Continue de remuer au fouet pendant que la sauce chauffe, jusqu'à ce qu'elle épaississe.

- Ajoute le parmesan râpé et assaisonne. Continue de tourner jusqu'à ce que le fromage soit bien fondu et bien incorporé dans la sauce.

4

La sauce Barbecue

À la fois sucrée et pleine de saveurs, cette sauce marie les sucres naturels des oranges et du miel avec les goûts relevés de l'ail, de la sauce soja et de la moutarde.

Ingrédients

Cette recette est pour 6 personnes. Elle réclame 10 minutes de préparation et convient parfaitement pour une marinade.

- 2 gousses d'ail
- 4 cuillerées à soupe de ketchup
- 4 cuillerées à soupe de sauce soja
- 4 cuillerées à soupe de jus d'oranges fraîchement pressées
- 2 cuillerées à soupe d'huile de tournesol
- 6 cuillerées à soupe de miel liquide
- 2 cuillerées à café de moutarde

Préparation

- Écrase les gousses d'ail dans un saladier en verre.

- Ajoute le ketchup, la sauce soja et le jus d'orange et mélange bien le tout avec une cuillère en bois.

- Incorpore l'huile d'olive, le miel liquide et la moutarde. Mélange bien tous ces ingrédients quelques minutes, le temps que l'ensemble prenne une consistance homogène.

- Cette recette est donnée ici avec le double des quantités indiquées pour le poulet-barbecue, présenté p. 74-75. Utilise-la aussi en marinade pour parfumer des viandes ou des légumes.

Un sauté de haricots au soja

Ce sauté végétarien facile à préparer est incroyablement goûteux. La noix de coco séchée et les noix de cajou lui donnent une texture croustillante et une délicieuse saveur.

Pour 4 personnes — 30 minutes — 10 minutes

Ingrédients

- 50 g de noix de coco séchée, non sucrée, râpée
- 2 cuillerées à soupe d'huile d'olive
- 1 gousse d'ail émincée
- 6 petits oignons frais émincés
- 1 bulbe de fenouil tranché, cœur ôté
- 500 g de haricots verts frais, en petits morceaux
- 2 cuillerées à soupe de sauce soja
- 1 cuillerée à soupe de vinaigre de riz
- 100 g de pousses de soja
- 1 cuillerée à soupe de feuilles de coriandre fraîche, émincées
- 200 g de nouilles complètes
- 1 cuillerée à soupe de graines de sésame
- 75 g de noix de cajou non salées

Ustensiles

- Un saladier et un couvercle allant dessus
- 2 passoires, dont un chinois
- Un wok ou une grande sauteuse
- Une cuillère en bois
- 4 bols ou ramequins de service

1
Mets la noix de coco à tremper dans un saladier d'eau chaude couvert pendant 20 minutes. Égoutte-la dans une passoire de type chinois en la pressant bien contre les bords.

2
Fais chauffer l'huile à feu vif dans un wok ou une grande sauteuse. Fais-y revenir l'ail, les oignons et le fenouil pendant 2 minutes sans cesser de remuer avec une cuillère en bois.

3
Ajoute tes haricots tranchés et fais-les sauter rapidement en les remuant sans cesse. Verse la sauce au soja et le vinaigre. Remue bien le tout et retire du feu.

4
Ajoute les pousses de soja, la noix de coco et la coriandre. Fais à nouveau revenir le tout à feu vif. Ça doit commencer à sentir très bon ! Retire du feu.

5
Fais cuire les nouilles en respectant les conseils de préparation inscrits sur le paquet. Égoutte-les, puis répartis-les à la cuillère dans les bols de service.

6
Dispose sur les nouilles le sauté de haricots. Après avoir fait griller les noix de cajou et les graines de sésame, saupoudres-en un peu sur chaque bol. C'est prêt !

Un sauté de bœuf arc-en-ciel

Ingrédients

- 300 g de viande de bœuf maigre, coupée en aiguillettes
- 1 cuillerée à soupe d'huile de tournesol
- 1 poivron rouge épépiné et émincé
- 6 épis de maïs miniatures coupés en moitiés dans le sens de la longueur
- 75 g de haricots mangetout en gousses, frais
- 3 petits oignons frais coupés en rondelles
- 2 gousses d'ail émincées
- 2 cuillerées à café de gingembre frais râpé
- 4 cuillerées à soupe de jus d'orange fraîchement pressé

Pour la marinade

- 6 cuillerées à soupe de sauce hoisin (sorte de sauce barbecue orientale)
- 2 cuillerées à soupe de sauce soja
- 1 cuillerée à soupe de miel liquide
- 1 cuillerée à café d'huile de sésame

Ustensiles

- Un couteau d'office
- Une planche à découper
- Une cuillère
- Un plat peu profond
- Un wok ou une grande sauteuse
- Une spatule ou une cuillère en bois
- Des pinces de cuisine

Le sauté est un type de recette rapide et facile à préparer. En voici un plein de couleur, à la mode orientale. Tu peux le servir tel quel ou accompagné de riz ou de nouilles.

1

Mélange les ingrédients de la marinade dans un plat peu profond. Fais-y tremper les aiguillettes de bœuf. Retourne-les à plusieurs reprises dans la marinade pour bien les enrober, couvre-les et laisse-les ainsi pendant une heure.

2

Fais chauffer l'huile de tournesol dans un wok ou une grande sauteuse. À l'aide de pinces de cuisine, retire les aiguillettes de bœuf de la marinade et dépose-les une à une dans l'huile chaude.

3

Fais frire la viande à feu vif en la remuant sans cesse, pendant environ 2 minutes, le temps qu'elle brunisse bien partout. Puis retire les morceaux de bœuf du wok à l'aide des pinces et réserve-les.

4

Ajoute un peu d'huile dans le wok s'il en manque. Verses-y le poivron rouge, les petits maïs, les haricots mangetout et les petits oignons. Fais-les revenir pendant 2 minutes.

5

Pour 4 personnes — 80 minutes — 10 minutes

Ajoute l'ail, le gingembre, le bœuf sauté et le reste de la marinade et laisse cuire pendant 1 minute. Verse dessus le jus d'orange et laisse sur le feu en remuant pendant encore une minute.

Des variantes

Les aiguillettes de porc ou de poulet remplaceront avantageusement le bœuf, mais tu peux essayer aussi avec des crevettes ou du tofu. Pour leur donner meilleur goût, l'essentiel est de bien les faire mariner préalablement.

Du poulet mariné au curry

Dans cette recette, le poulet est préalablement mis à mariner de telle sorte que la viande se gorge bien de la saveur du curry. Si tu recherches un parfum plus fort, il te suffit de la laisser mariner plus de 30 minutes.

1 — **Dans un saladier**, mélange la purée de tomate, l'huile et la poudre de curry pour en faire une pâte. Ajoute le jus de citron et la moitié du yaourt pour faire la marinade.

2 — **Découpe soigneusement** les blancs de poulet en morceaux de 2 à 3 cm de large. Lave-toi toujours bien les mains après avoir manipulé de la viande crue.

3 — **Verse le poulet** dans la marinade et tourne-le plusieurs fois dedans pour bien l'enrober, assaisonne avec du sel et du poivre, puis recouvre le saladier. Laisse le poulet mariner ainsi au réfrigérateur pendant au moins 30 minutes.

4 — **Dans une poêle** sur un feu moyen à vif, fais frire le poulet pendant 3 à 4 minutes. La viande changera de couleur mais elle ne sera pas encore cuite.

5 — **Ajoute les raisins secs** et les amandes et fais cuire encore 3 à 4 minutes. Avant de servir, coupe en deux l'un des morceaux de poulet. S'il ne reste aucune trace de rose en son cœur, c'est que la viande est cuite.

6 — **Pour découper la laitue**, roule les feuilles et découpe-les soigneusement en fines lamelles. Sers le poulet avec la laitue découpée, du pain naan et du chutney de mangue.

Ingrédients

- 4 blancs de poulet, sans la peau ni les os
- 1 cuillerée à café de purée de tomate
- 2 cuillerées à soupe d'huile végétale
- 1 cuillerée à soupe de curry en poudre
- Le jus d'un demi-citron
- 125 g de yaourt nature
- 30 g de raisins secs (optionnel)
- 30 g d'amandes émincées (optionnel)
- Du sel et du poivre pour l'assaisonnement

Pour l'accompagnement
- 1-2 cœurs de sucrine (laitue)
- Du pain naan (un pain en feuille asiatique)
- 2 cuillerées à soupe de chutney de mangue (optionnel)

Ustensiles

- Un saladier
- Une cuillère à dessert
- 2 planches à découper
- 2 couteaux d'office
- Une poêle
- Une spatule en bois

Pour 4 personnes — 50 minutes — 10 minutes

Quatre manières de préparer des légumes rôtis

Chacune de ces préparations peut accompagner un plat principal.

1

En rouge et en vert

Cet assemblage de légumes est coloré et légèrement croquant. Il peut accompagner des boules de riz (p. 60-61) ou du poulet-barbecue (p. 74-75).

Ingrédients

Cette recette est pour 4 personnes, en accompagnement d'un plat principal. Elle réclame 8 minutes de préparation et 50 à 60 minutes de cuisson.

- 2 oignons rouges
- 2 betteraves rouges crues, pelées
- ½ chou brocoli
- 12 tomates cerises
- 1 cuillerée à soupe d'huile d'olive

Préparation

- Préchauffe ton four à 200 °C (Th. 6 ½).
- Sur une planche à découper, avec un couteau d'office bien aiguisé, découpe les oignons rouges en gros morceaux, ainsi que la betterave rouge, et coupe les fleurettes du demi-brocoli.
- Place la betterave dans un plat à rôtir, répands l'huile par-dessus et tourne bien les morceaux pour bien les huiler. Enfourne et laisse cuire 20 minutes.
- Ajoute les ingrédients restants et laisse encore cuire 30 à 40 minutes.

2

Pommes de terre et panais

Parfait pour un jour d'hiver, ce mélange énergétique se mariera avec bonheur au ragoût d'agneau (p. 53) ou avec des saucisses au pot (p. 54-55).

Ingrédients

Cette recette est pour 4 personnes, en accompagnement d'un plat principal. Elle réclame 5 minutes de préparation et 50 minutes de cuisson.

- 4 grosses pommes de terre pelées
- 4 panais de taille moyenne, pelés
- 1 cuillerée à soupe d'huile d'olive

Préparation

- Préchauffe ton four à 200 °C (Th. 6 ½).
- Sur une planche à découper, avec un couteau d'office bien aiguisé, découpe les panais et les pommes de terre en morceaux assez gros.
- Place les panais et les pommes de terre dans un plat à rôtir, répands l'huile par-dessus et retourne bien les légumes pour bien les huiler.
- Enfourne et laisse cuire environ 50 minutes, jusqu'à ce que les légumes soient bien dorés.

Fais tes propres mélanges

Beaucoup d'autres légumes sont délicieux une fois rôtis et accompagnent très bien divers plats principaux. Entre autres, essaie aussi les ingrédients présentés ci-contre.

Tomates — Champignons de Paris — Courge doubeurre — Poireaux — Olives

3

Un medley de poivrons

L'ail rôti dégage un parfum extraordinaire et les poivrons restent juteux et pleins de saveur. Voilà un plat idéal pour accompagner le poulet mariné au curry (p. 88-89).

Ingrédients

Cette recette est pour 4 personnes, en accompagnement d'un plat principal. Elle réclame 8 minutes de préparation et 40 minutes de cuisson.

- 1 poivron vert
- 1 poivron jaune
- 1 poivron rouge
- 1 poivron orange
- 1 gousse d'ail
- 2 petites courgettes
- 1 cuillerée à soupe d'huile d'olive

Préparation

- Préchauffe ton four à 200 °C (Th. 6 1/2).
- Sur une planche à découper, avec un couteau d'office bien aiguisé, découpe les poivrons en minces lanières et la gousse d'ail en deux moitiés.
- Découpe la courgette en tranches épaisses.
- Dispose tous les ingrédients dans un plat à rôtir, répands l'huile par-dessus et retourne-les bien pour bien les huiler.
- Enfourne et laisse cuire 40 minutes.

4

Pommes de terre et carottes

Voici un mélange plutôt classique de légumes à faire rôtir, mais qui fait toujours son effet. Souvent servi avec le poulet, il contribue aussi à apporter des sucres lents à un repas léger.

Ingrédients

Cette recette est pour 4 personnes, en accompagnement d'un plat principal. Elle réclame 5 minutes de préparation et 50 minutes de cuisson.

- 12 petites carottes ou 5 carottes ordinaires
- 2 grosses pommes de terre, pelées

Préparation

- Préchauffe ton four à 200 °C (Th. 6 1/2).
- Sur une planche à découper, avec un couteau d'office bien aiguisé, découpe les pommes de terre et les carottes en gros quartiers.
- Étale les pommes de terre et les carottes dans un plat à rôtir, répands l'huile par-dessus et retourne-les bien pour bien les huiler.
- Enfourne et laisse cuire 50 minutes jusqu'à ce que les légumes soient bien dorés.

Un poulet rôti

Ingrédients

- Un poulet de 1,5 kg
- 75 g de beurre doux, ramolli
- ½ citron et 1 cuillerée à café de zeste de citron
- 1 cuillerée à soupe de feuilles de thym frais, plus 2 branches
- 1 gros oignon émincé
- 8 petites carottes
- Quelques gousses d'ail
- 250 ml de bouillon de légumes
- Du sel et du poivre pour l'assaisonnement

Pour le service

- 12 fleurettes de brocoli, bouillies et égouttées
- 4 pommes de terre découpées en quartiers et rôties (voir p. 91)
- 16 petites carottes rôties (voir p. 91)
- 250 ml de jus de cuisson

Ustensiles

- Une planche à découper
- Du papier absorbant
- Un petit saladier
- 2 cuillères à dessert
- Un couteau d'office
- De la ficelle de cuisine
- Un plat à rôtir
- Des gants de protection
- Une grande planche à découper en bois pour découper le poulet avant de servir
- Un couteau à découper

C'est le plat traditionnel qui plaît à coup sûr à tout le monde. Mais rien n'empêche de s'écarter un peu de la recette de base pour l'agrémenter de saveurs qui renouvelleront le plaisir de la dégustation. Une fois que tu maîtriseras celle que nous te proposons ici, tout le monde te demandera de la refaire.

1
Préchauffe ton four à 200 °C (Th. 6 ½). Rince le poulet, à l'intérieur comme à l'extérieur, sous le robinet d'eau froide. Place-le sur une planche à découper et sèche-le bien, à l'intérieur comme à l'extérieur, en le tamponnant avec du papier absorbant.

2
Pour préparer la farce, mélange dans un saladier le beurre ramolli avec les feuilles de thym et le zeste de citron et assaisonne de sel et de poivre. À l'aide d'une cuillère, remplis-en l'intérieur du poulet, en y mettant aussi le demi-citron et les branches de thym.

3
Dépose le poulet dans un plat à rôtir sur un lit d'oignons, de carottes et de gousses d'ail baignant dans un bouillon de légumes. Enfourne le plat pour 1 heure et 20 minutes, jusqu'à ce que la volaille soit bien dorée. Arrose le poulet une première fois de son jus de cuisson au bout de 30 minutes, puis toutes les 15 minutes ensuite.

4
Sors ton poulet cuit du four (demande l'aide d'un adulte) et laisse-le dans son plat pendant 10 à 15 minutes avant de le découper sur une planche. Sers-le accompagné de brocoli, de pommes de terres et de carottes rôties, et généreusement arrosé de son jus de cuisson.

Pour 4 personnes — 30 minutes — 80 minutes

Opérations annexes

Suis la recette figurant p. 91 pour faire rôtir les pommes de terre et les carottes. Mets les fleurettes de brocolis à bouillir pendant 5 minutes, et égoutte-les avant de servir. Récupère 250 ml de jus de cuisson du poulet pour servir avec.

Des filets de volailles au grill

Les aliments cuits sur un grill ont une texture et une saveur particulières. C'est un autre mode de cuisson que tu dois savoir mettre à profit. Le plat de printemps proposé ici peut être consommé chaud ou froid. Veille simplement à ce que la viande soit toujours bien cuite.

Pour 4 personnes — 45 minutes — 25 minutes

Ingrédients

- 2 cuillerées à café de paprika
- 5 cuillerées à soupe d'huile d'olive
- 4 escalopes de poulet ou de dinde, d'environ 150 g chacune
- 400 g de petites pommes de terre nouvelles, coupées en deux si nécessaire
- 2 petits oignons frais finement émincés
- 8 tomates cerises
- 3 cuillerées à soupe de feuilles de menthe fraîche découpées
- 1 cuillerée à soupe de jus de citron

Ustensiles

- Un grand plat peu profond
- Une cuillère à soupe
- Une fourchette
- Du film étirable
- Une poêle-grill
- Une pince de cuisine
- Un couteau d'office
- Une planche à découper
- Une casserole de taille moyenne
- Une passoire
- Un saladier en verre

1.  Mélange le paprika et 3 cuillerées à soupe d'huile d'olive dans un grand plat peu profond. Places-y les escalopes de volaille et recouvre-les bien de l'huile parfumée. Couvre le plat de film étirable et laisse-le 30 minutes au réfrigérateur.

2. Fais chauffer ta poêle-grill jusqu'à ce qu'elle devienne très chaude. Réduis ensuite le feu à niveau moyen et dispose deux escalopes dans la poêle. Fais-les griller 6 minutes sur une face.

3. Retourne ensuite la viande à l'aide d'une pince de cuisine. Répands dessus un peu d'huile parfumée au paprika et laisse griller encore au moins 6 minutes, jusqu'à ce que la viande soit bien cuite. Fais cuire de la même manière les deux autres filets de volailles.

4. Place les pommes de terre dans une casserole de taille moyenne et recouvre-les d'eau. Porte l'eau à ébullition et laisse cuire les pommes de terre environ 10 minutes à gros bouillons, jusqu'à cuisson complète.

5. Égoutte les pommes de terre et laisse-les refroidir. Place-les ensuite dans un saladier. Ajoute les feuilles de menthe fraîche finement découpées. Coupe en deux les tomates cerises et ajoute-les dans le saladier.

6. Réunis le reste de l'huile d'olive et le jus de citron dans un récipient à part et bats-les bien à la fourchette. Verse ensuite cette sauce sur la salade et mélange bien, puis sers-la en accompagnement des filets de volailles.

95

La douceur des PETITS DESSERTS SUCRÉS

Ingrédients

- 225 g de pâte brisée toute prête
- 150 g de mascarpone
- ½ cuillerée à café d'extrait de vanille
- 2 cuillerées à soupe de sucre glace
- 175 g de fraises (ou d'autres fruits tendres)
- 4 cuillerées à soupe de gelée de groseille
- 15 ml (ou 1 cuillerée à soupe) d'eau

Ustensiles

- Un rouleau à pâtisserie
- Un emporte-pièce cannelé de 9 cm de diamètre
- Une plaque de cuisson à petits pains à 12 moules
- Du papier sulfurisé
- Des haricots secs ou des pois chiches
- Des gants de protection
- Une grille de refroidissement
- Un petit saladier
- Une cuillère en bois
- Une passoire
- Une planche à découper
- Un couteau d'office
- Une cuillère à café
- Une petite casserole
- Un pinceau à pâtisserie

Des tartelettes aux fraises

Ces jolies petites pâtisseries sont aussi bonnes qu'elles en ont l'air ! Tu peux aussi les préparer avec d'autres fruits à chair tendre.

Pour 8 personnes — 20 minutes — 14 minutes

1
Préchauffe ton four à 200 °C (Th. 6). Étale la pâte au rouleau en une fine feuille puis, à l'aide de l'emporte-pièce cannelé, découpe dedans 8 cercles de pâte. Place ces derniers dans les alvéoles d'une plaque à petits pains.

2
Dispose dans les fonds de pâte un carré de papier sulfurisé et remplis-les de haricots secs. Passe-les 10 minutes au four, puis ôte les haricots et enfourne-les à nouveau 3 minutes. Sors-les et laisse-les commencer à refroidir dans leur moule.

3
Transfère les fonds de pâte sur une grille de refroidissement. Verse le fromage et l'extrait de vanille dans un saladier. Tamise par-dessus le sucre glace, puis bats avec une cuillère en bois jusqu'à obtenir un mélange bien lisse.

4
Étale les fraises sur une planche à découper. Ôte-leur la queue. Puis, avec un couteau d'office bien aiguisé, coupe-les en deux, voire en quatre si elles sont grosses.

5
Une fois les fonds de pâte complètement refroidis, remplis-les avec une petite cuillère du mélange de mascarpone et d'extrait de vanille. Puis dispose dessus les morceaux de fraises.

6
Dans une petite casserole, verse la gelée de groseille et l'eau et réchauffe ce mélange à feu doux, en remuant sans cesse jusqu'à ce que la gelée fonde. Tu n'as plus qu'à en enduire tes tartelettes avec un pinceau à pâtisserie.

Quatre manières de préparer les cookies

Tout le monde aime préparer des cookies, et plus encore les déguster. Essaie donc les petits mélanges que nous te proposons ici, ou bien invente tes propres combinaisons.

La pâte à cookie

Cette recette est pour 8 personnes (2 cookies par personne). Elle réclame 40 minutes de préparation et 15 minutes de cuisson.

- 100 g de beurre à température ambiante
- 1 œuf
- 125 g de sucre en poudre
- ½ cuillerée à café d'extrait de vanille
- 150 g de farine à levure incorporée

Ustensiles

- 2 plaques de cuisson
- Du papier sulfurisé
- Un saladier en verre
- Un batteur électrique
- Une cuillère en bois

1. Des petits délices aux noisettes

La saveur et le croquant des noisettes se marient parfaitement à ceux de la pâte à cookie. Tu peux aussi les remplacer, en quantité égale, par des noix, des cacahuètes, des noix de pecan, des pistaches, etc.

Ingrédients

(à ajouter à la recette de base ci-dessus)

- 75 g de noisettes coupées en moitiés

Conseils

- Passe les noisettes sous un grill pendant 2 minutes avant de les incorporer à la pâte.
- Empile quelques cookies dans du papier sulfurisé et noue-les avec du ruban pour faire un petit cadeau à offrir à quelqu'un.

2. Des bouchées aux canneberges

La canneberge, ou cranberry, est une baie délicieuse. Mais rien ne t'empêche d'essayer aussi d'autres fruits secs, dans les mêmes proportions. Quels sont tes préférés ? Les raisins, la mangue, la pomme, les myrtilles ou les cerises ?

Ingrédients

(à ajouter à la recette de base ci-dessus)

- 45 g de chocolat blanc cassé en petits morceaux
- 45 g de canneberges (ou cranberries) séchées, finement coupées

Conseils

- Mélange bien les ingrédients afin que les canneberges et le chocolat blanc, une fois incorporés, ne se trouvent pas tous rassemblés dans un coin de la pâte. Ils doivent y être répartis bien uniformément.
- Accompagne tes cookies d'un verre de lait pour chaque convive.

1
Préchauffe ton four à 180 °C (Th. 4). Recouvre deux plaques de cuisson de papier sulfurisé. Dans un saladier, à l'aide d'un batteur électrique, bats ensemble le beurre et l'œuf. Ajoute au mélange le sucre et l'extrait de vanille.

2
Incorpore la farine au mélange à l'aide d'une cuillère en bois et travaille-le jusqu'à ce qu'il prenne l'aspect d'une pâte souple. Ajoute ensuite les ingrédients additionnels (voir les recettes ci-dessous), puis mets la pâte à reposer 30 minutes au réfrigérateur.

3
Roule ensuite ta pâte en 16 petites boules et dispose-les sur les plaques de cuisson en laissant un bon espace entre chacune. Aplatis-les légèrement et enfourne-les pour 15 minutes de cuisson environ, jusqu'à ce qu'elles dorent bien. Sors-les et mets-les à refroidir sur une grille de refroidissement.

3
Le cookie traditionnel au chocolat

Voici le cookie classique que tout le monde apprécie. Mais pourquoi ne pas essayer des variantes avec du chocolat au lait ou des morceaux de chocolat blanc ? Avec quelques noisettes en plus, ce sera une vraie gourmandise.

Ingrédients
(à ajouter à la recette de base ci-dessus)
- 75 g de chocolat noir cassé en petits morceaux

Conseils
- Fais des morceaux de chocolat assez gros afin qu'ils restent appétissants et fondants quant tu mordras dans tes cookies à belles dents.
- Par une froide journée d'hiver, tu peux aussi faire fondre du chocolat pour le servir en accompagnement.

4
Un parfum de cannelle et d'abricot

D'autres épices peuvent aussi remplacer la cannelle. Essaie donc des épices mélangées ou du gingembre râpé ($1/8$ de cuillère à café suffira pour ce dernier). Quant aux abricots, tu peux les remplacer par des raisins secs.

Ingrédients
(à ajouter à la recette de base ci-dessus)
- 75 g d'abricots secs finement coupés
- $1/4$ de cuillère à café de cannelle en poudre

Conseils
- Coupe l'abricot en morceaux de petite taille afin qu'ils se répartissent bien dans toute la pâte.
- Tu peux conserver les cookies deux jours dans une boîte en fer… s'ils ne sont pas mangés avant !

Des cupcakes à savourer

Ingrédients

- 150 g de beurre doux, ramolli
- 150 g de sucre en poudre
- 150 g de farine avec levure incorporée
- 3 œufs battus au fouet
- ½ cuillerée à café d'extrait de vanille

Pour le glaçage et la décoration

- 225 g de sucre glace, tamisé
- 2 à 3 cuillerées à soupe d'eau chaude
- Des colorants alimentaires de trois couleurs différentes
- Des myosotis et autres ornements en sucre cristallisé, du vermicelle multicolore, des mini-confiseries, etc.

Ustensiles

- 2 plaques de cuisson à petits pains à 12 moules
- 20 moules à cupcakes en papier
- 2 saladiers
- 3 bols
- Une cuillère en bois
- 2 cuillères métalliques
- Des grilles de refroidissement
- Une passoire de type chinois
- Un couteau

Que ton choix se porte sur des décorations rustiques ou raffinées, veille toujours à disposer d'un assortiment varié d'ingrédients pour la garniture. Choisis un thème, tiens-toi à celui-ci et… que la fête commence !

1
Garnis les alvéoles des 2 plaques de cuisson de 20 moules en papier – on en trouve de toutes sortes dans le commerce. Préchauffe ton four à 180 °C (Th. 4).

2
Dans un saladier, réunis le beurre, le sucre, la farine levante, les œufs et l'extrait de vanille et bats le tout avec une cuillère en bois jusqu'à obtenir une pâte crémeuse et pâle.

3
Répartis la pâte dans les 20 moules en papier. Place-les dans le four pour environ 15 minutes de cuisson, jusqu'à ce que les cupcakes dorent et deviennent fermes. Sors-les et laisse-les refroidir 5 minutes dans leur plaque de cuisson, puis transfère-les sur une grille pour qu'ils finissent de refroidir.

4
Une fois refroidis, coupe la pointe des cupcakes pour leur donner une surface plane. Ainsi, le glaçage tiendra mieux, et retiendra mieux les décorations.

20		
Pour 20 cupcakes	30 minutes	15 minutes

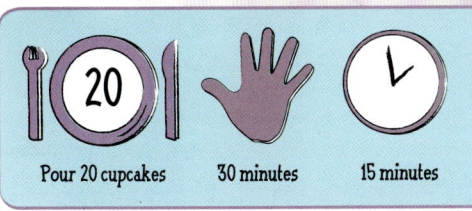

Pour les présenter, dispose tes cupcakes sur un joli plateau.

5

Verse le sucre glace dans un saladier et incorpores-y l'eau graduellement en remuant énergiquement, jusqu'à obtenir un épais glaçage adhérant bien au dos de la cuillère.

6

Répartis le glaçage dans trois bols distincts et ajoute dans chacun quelques gouttes de colorant alimentaire de couleur différente. Avec une cuillère, nappe tes cupcakes et ajoute par-dessus les décorations de ton choix. Laisse au repos le temps que le glaçage prenne.

Une génoise

Gâteau simple mais néanmoins délicieux, la génoise peut être préparée nature, comme ici, ou additionnée d'un zeste de citron, dans la pâte comme dans la garniture.

Pour 8 personnes • 10 minutes • 30 minutes

1
Graisse les deux moules afin que les gâteaux n'adhèrent pas. Préchauffe ton four à 180 °C (Th. 4).

2
Réunis dans un grand saladier le beurre, le sucre, les œufs et l'extrait de vanille et tamise par-dessus la farine et la levure chimique. Avec un fouet ou un batteur électrique, bats ensemble tous ces ingrédients jusqu'à obtenir un mélange épais.

3
Répartis le mélange à quantité égale dans les deux moules, en aplanissant le dessus avec le dos d'une grande cuillère. Place les deux moules au centre du four pendant 25 à 30 minutes, jusqu'à ce que les gâteaux dorent et montent en devenant fermes au toucher.

4
Sors les gâteaux du four et laisse-les refroidir dans leur moule 5 à 10 minutes, puis démoule-les sur une grille et laisse-les refroidir complètement.

5
Pour préparer la crème au beurre, réunis le beurre, le sucre glace, l'extrait de vanille et le lait dans un petit saladier. Bats l'ensemble à l'aide d'une cuillère en bois jusqu'à obtenir un mélange lisse et crémeux.

6
Avec une spatule, étale de la gelée ou de la confiture sur la face plane de l'un des gâteaux et place ce dernier sur un plateau. Sur l'autre, toujours sur la face plane, étale au couteau la crème au beurre, et retourne-le sur le premier gâteau. Termine en saupoudrant de sucre glace.

Ingrédients

- 175 g de beurre doux
- 175 g de sucre en poudre
- 3 œufs battus
- 1 cuillerée à café d'extrait de vanille
- 175 g de farine avec levure incorporée
- 1 cuillerée à café de levure chimique
- 4 cuillerées à soupe de gelée de framboise ou de confiture de fraise
- Du sucre glace pour le saupoudrage

Pour la crème au beurre

- 50 g de beurre doux, ramolli
- 125 g de sucre glace
- ½ cuillerée à café d'extrait de vanille
- 2 cuillerées à café de lait

Ustensiles

- 2 moules à gâteaux ronds de 20 cm de diamètre
- Du papier sulfurisé
- Un grand saladier
- Une passoire de type chinois
- Un batteur électrique ou un fouet
- Une cuillère à soupe
- Des gants protecteurs
- Une grille de refroidissement
- Un petit saladier
- Une cuillère en bois
- Une spatule

Pour 15 gâteaux — **15 minutes** — **10 minutes**

Ingrédients

- 350 g de farine
- 2 cuillerées à café de gingembre moulu
- 1 cuillerée à café de bicarbonate de sodium
- 125 g de beurre doux, coupé en cubes
- 150 g de sucre brun en poudre
- 4 cuillerées à soupe de mélasse raffinée ou de miel liquide
- 1 œuf battu
- Du glaçage (voir préparation p. 101), des mini-confiseries, du vermicelle multicolore, etc., pour la décoration

Ustensiles

- 2 grandes plaques de cuisson
- Du papier sulfurisé
- Un grand saladier
- Une cuillère en bois
- Un rouleau à pâtisserie
- Des emporte-pièces aux formes de ton choix
- Des gants protecteurs

Des biscuits de pain d'épices

Avec cette recette, ta maison va s'emplir de la merveilleuse odeur du pain d'épices en train de cuire. Recherche des emporte-pièces aux formes inhabituelles afin que tes gâteaux soient originaux et amusants.

1
Préchauffe ton four à 180 °C (Th. 4). Recouvre 2 grandes plaques de cuisson de papier sulfurisé. Si tu ne disposes que d'une seule plaque, tu devras faire cuire tes pains d'épices en deux fournées.

2
Verse la farine, le gingembre et le bicarbonate de sodium dans un grand saladier. Mélange bien uniformément les ingrédients avec une cuillère en bois.

3
Incorpore le beurre en le travaillant entre tes doigts dans la farine comme pour préparer une pâte sablée. Continue jusqu'à ce que le mélange présente une texture finement granuleuse. Ajoute ensuite le sucre.

4
Ajoute la mélasse (ou le miel) ainsi que l'œuf et travaille le mélange jusqu'à ce qu'il forme une pâte. Sors alors la pâte du saladier, pose-la sur un plan de travail fariné et pétris-la jusqu'à ce qu'elle acquière une texture lisse et homogène.

5
Étale la pâte au rouleau en une feuille de 5 mm d'épaisseur, puis, à l'aide de tes emporte-pièces, découpe les formes de tes biscuits. Roule et aplatis à nouveau les restes de pâte pour découper encore des biscuits jusqu'à ce que toute la pâte soit utilisée.

6
Dispose les biscuits sur les plaques de cuisson et place-les dans le four pendant 9 à 10 minutes, jusqu'à ce que les biscuits soient bien dorés. Sors-les alors et laisse-les refroidir sur leurs plaques. Quand ils sont froids, décore-les avec du glaçage et des sucreries.

Des brownies pour les gourmands

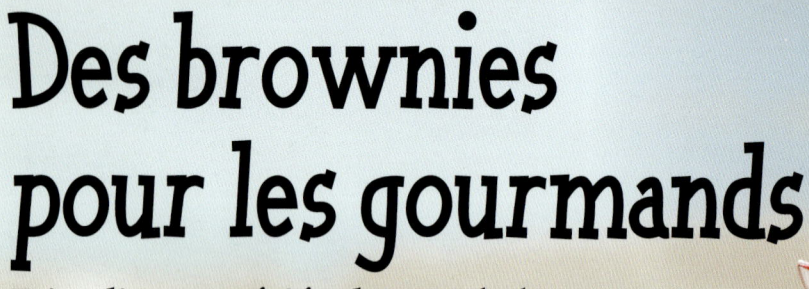

Friandise appréciée de tous, les brownies ont un goût incomparable, qu'ils soient faits au chocolat blanc, au chocolat au lait ou au chocolat noir. Si ta gourmandise prend le dessus, découpe-les en gros morceaux… mais n'oublie pas de partager !

Pour 16 brownies — 25 minutes — 25 minutes

Ingrédients

- 90 g de chocolat noir à pâtisser
- 150 g de beurre doux, découpé en cubes, et un supplément pour graisser le moule
- 125 g de farine
- 15 g de cacao en poudre
- ½ cuillerée à café de levure chimique
- Une pincée de sel
- 2 œufs
- 300 g de sucre blond en poudre
- 1 cuillerée à café d'extrait de vanille
- 100 g de noix de pécan ou des noisettes concassées (optionnel)

Ustensiles

- Un moule à gâteau de 20 x 15 cm
- Une paire de ciseaux
- Un crayon
- Du papier sulfurisé
- 3 saladiers de taille moyenne
- Une cuillère en bois
- Une petite casserole
- Une passoire
- Une spatule
- Un couteau palette
- Des gants de protection

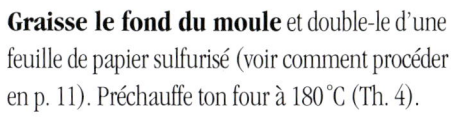

1
Graisse le fond du moule et double-le d'une feuille de papier sulfurisé (voir comment procéder en p. 11). Préchauffe ton four à 180 °C (Th. 4).

2
Casse le chocolat en morceaux dans un saladier et ajoute les cubes de beurre. Fais fondre ensemble le beurre et le chocolat en plaçant le saladier au-dessus d'une casserole contenant de l'eau chaude frémissante. Remue le mélange de temps en temps.

3
Retire ensuite le saladier de la chaleur et laisse le chocolat refroidir un peu. Dans un autre saladier, tamise la farine, le cacao en poudre, la levure chimique et le sel.

4
Dans un troisième saladier, bats les œufs et ajoute le sucre en poudre et l'extrait de vanille. Mélange ces ingrédients sans trop insister ; ils doivent être tout juste combinés mais ne pas former une texture homogène.

5
Incorpore le chocolat fondu à l'aide d'une spatule dans le mélange d'œufs battus. Puis, incorpore délicatement le mélange de farine, ainsi que les noix ou noisettes si tu en utilises. Aucune farine ne doit être discernable une fois tous les ingrédients mélangés.

6
Transfère la préparation dans le moule en t'aidant de la cuillère, et lisse la surface avec un couteau palette. Place ton brownie au four pour 25 minutes de cuisson. Laisse-le refroidir dans son moule avant de le découper en morceaux.

Ingrédients

- 140 g de farine
- 2 cuillerées à café de levure chimique
- ½ cuillerée à café de bicarbonate de sodium
- 85 g de sucre roux
- 50 g de noisettes grillées concassées
- 100 g de carottes râpées
- 100 g d'abricots secs non traités, finement coupés
- 1 cuillerée à soupe de graines de pavot
- ½ cuillerée à café de cannelle moulue
- 100 g de flocons d'avoine
- Le zeste de 2 oranges
- 200 ml de babeurre ou de lait et une cuillerée à soupe de jus de citron
- 1 œuf battu
- 3 cuillerées à soupe de beurre fondu
- Une pincée de sel
- Le jus d'une grosse orange

Pour la garniture

- 2 cuillerées à soupe de sucre brun en poudre
- 50 g de flocons d'avoine
- 1 cuillerée à soupe de beurre fondu

Ustensiles

- Un petit saladier en verre
- Du papier sulfurisé
- Une planche à découper
- Un couteau d'office
- Un grand saladier
- Une cuillère
- Des moules à muffins en papier
- Une plaque de moules à muffins

Des muffins aux carottes et à l'orange

La carotte est un légume facile à adapter en recette sucrée aussi bien que salée. Ces délicieux muffins en sont la preuve : ce sont de parfaites friandises pour le goûter ou un dessert de pique-nique.

1
Préchauffe ton four à 200 °C (Th. 6 ½). Pour préparer la garniture, mélange le sucre, les flocons d'avoine et le beurre fondu dans un saladier. Étale ce mélange sur une plaque de cuisson. Passe-le au four 5 minutes et laisse-le refroidir.

2
Dans un grand saladier, mélange la farine, la levure, le bicarbonate de sodium et le sucre. Ajoute les noisettes, les carottes, les abricots, les graines de pavot, la cannelle, les flocons d'avoine et le zeste d'orange.

3
Dans un autre saladier, mélange à l'aide d'une cuillère le babeurre, l'œuf, le beurre, le sel et le jus d'orange. Verse ensuite le tout dans le saladier contenant le mélange d'ingrédients sec.

4
Mélange l'ensemble à l'aide d'une cuillère, mais pas trop afin de ne pas faire une pâte trop homogène. C'est la texture grumeleuse et l'air emprisonné dans la pâte qui font le bon muffin !

108

Pour 8 muffins — 20 minutes — 25 minutes

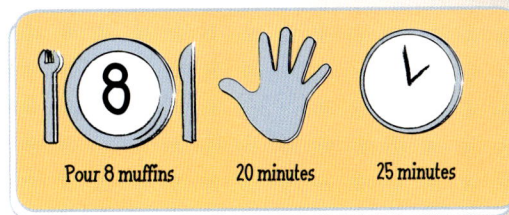

Essaie d'autres parfums

Pour varier, utilise du citron à la place de l'orange. Ou bien fais du bout du doigt un trou dans tes muffins (après l'étape 5) et glisse dedans un morceau de chocolat blanc. Ça fera un délicieux cœur fondant.

5

Dispose 8 petits moules en papier dans les alvéoles d'un moule à muffins. Dépose à la cuillère la pâte préparée dans chacun d'eux, en les remplissant aux deux tiers.

6

Saupoudre les muffins avec la garniture. Mets-les à cuire au four 25 à 30 minutes, jusqu'à ce qu'ils soient bien levés et dorés. Laisse-les refroidir avant de les déguster.

Pour tous les goûts

Essaie cette recette avec 300 g de tes ingrédients favoris, tels que des morceaux de banane, de fraise, de meringues, de framboise, ou encore de chocolat.

Du yaourt glacé

Voici un nouveau genre de dessert froid qui change de la traditionnelle crème glacée et qui propose des saveurs originales. Prépare-le en bonne quantité pour rafraîchir tes copains et copines par les chaudes journées d'été !

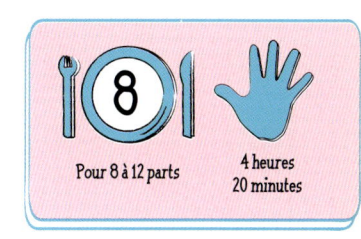

8 — Pour 8 à 12 parts — 4 heures 20 minutes

1
Coupe le caramel mou et brise la tire-éponge en tout petits morceaux sur une planche à découper. Casse ensuite les cookies en morceaux un peu plus gros.

2
Verse la crème dans un saladier et tamise par-dessus le sucre glace. Fouette légèrement le mélange jusqu'à ce qu'il forme des coulures ; tu peux utiliser pour cela un fouet à main ou un batteur électrique à petite vitesse.

3
Incorpore délicatement dans le mélange le yaourt et la tire-éponge, le caramel et les cookies en morceaux, ainsi que les mini-marshmallows, à l'aide d'une spatule en plastique ou d'une cuillère métallique.

4
Avec une cuillère, transfère le mélange dans des boîtes en plastique, ferme-les et place-les au congélateur. Au bout de 2 heures, sors-les et remue le mélange pour empêcher la formation de cristaux de glace, puis replace-les à nouveau au congélateur pour 2 heures. Ton yaourt glacé sera alors prêt à servir. Ne le laisse pas trop longtemps à température ambiante : s'il fond, il ne faut pas le recongeler.

Ingrédients
- 85 g de caramel mou
- 60 g de tire-éponge (une sucrerie québécoise, optionnel)
- 85 g de cookies avec des morceaux de chocolat
- 150 ml de crème fraîche épaisse
- 30 g de sucre glace
- 500 g de yaourt nature
- 60 g de mini-marshmallows

Ustensiles
- Une planche à découper
- Un couteau d'office
- Un saladier
- Une passoire
- Un fouet
- Une spatule ou une cuillère métallique
- 2 boîtes en plastique avec couvercle

Une crème au chocolat mentholée

Avec cette recette sophistiquée, presque luxueuse, tu vas expérimenter l'association de la force du chocolat avec la subtilité d'un parfum de menthe. Orne chaque pot d'un dessin de sucre glace ou de poudre de cacao, réalisé à l'aide d'un pochoir.

Ingrédients

- 300 ml de crème fraîche épaisse
- Un petit bouquet de feuilles de menthe fraîche découpées
- 120 ml de lait
- 175 g de chocolat au lait cassé en petits morceaux
- 3 jaunes d'œufs
- 1 cuillerée à soupe de sucre glace, et un supplément pour les ornements
- De la poudre de cacao pour les ornements (optionnel)

Ustensiles

- Une planche à découper
- Un couteau d'office
- 2 petites casseroles
- Un saladier
- Une cuillère en bois
- Un fouet
- Une passoire
- Un plat à rôtir
- 4 ramequins
- Du carton, un crayon et une paire de ciseaux pour le pochoir

1
Préchauffe ton four à 150 °C (Th. 5). Verse la crème fraîche dans une petite casserole et ajoute dedans les feuilles de menthe coupées. Réchauffe à feu doux en remuant jusqu'à ce que la crème frémisse. Retire-la alors du feu, couvre-la et laisse-la infuser 30 minutes.

2
Pendant ce temps, verse le lait dans une autre petite casserole et réchauffe-le à feu doux. Retire-le du feu et verse dedans les morceaux de chocolat. Remue jusqu'à ce qu'ils fondent en produisant un mélange onctueux.

3
Bats ensemble les jaunes d'œufs et le sucre glace avant d'y ajouter le lait chocolaté, puis la crème à la menthe. Mélange bien, puis passe le tout dans une passoire à maille fine pour filtrer les morceaux des feuilles de menthe.

4
Répartis le mélange dans 4 ramequins que tu placeras dans un plat à rôtir. Dans le plat, ajoute de l'eau chaude jusqu'à mi-hauteur des ramequins pour faire un bain-marie. Place l'ensemble au four pendant 45 à 60 minutes. Sors ensuite les crèmes et laisse-les refroidir avant de les placer au réfrigérateur pour quelques heures. Réalise les décorations juste avant de servir.

Pour 4 personnes — 45 minutes — 45-60 minutes

Les pochoirs

Découpe un ou plusieurs pochoirs dans du carton léger, en forme d'étoiles, de cercles, de fleurs, de cœurs, etc., et tamise à travers ceux-ci un peu de sucre glace ou de poudre de cacao à la surface des pots de crème.

Un gâteau-frigo

Un gâteau sans cuisson, quoi de plus facile ? Et en plus, c'est amusant à préparer ! Cette recette te propose d'utiliser des amandes, mais tu peux aussi bien les remplacer par d'autres fruits secs, comme des canneberges, si tu préfères.

Ingrédients

- 450 g de biscuits anglais
- 150 g de beurre
- 500 g de chocolat noir cassé en morceaux
- 2 cuillerées à soupe de mélasse raffinée
- 50 g de raisins secs
- 50 g d'amandes émincées

Ustensiles

- Un rouleau à pâtisserie
- Un sac en plastique
- Un saladier
- Une casserole
- Une cuillère en bois
- Un moule de 18 x 18 cm
- Du papier sulfurisé
- Un presse-purée
- Un couteau d'office
- Une planche à découper

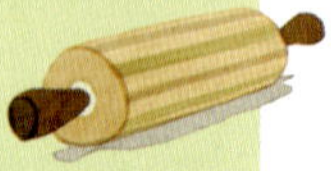

1  **Place les biscuits** dans un sac en plastique et frappe-les avec un rouleau à pâtisserie pour les casser. Ne les brise pas trop finement tout de même : il te faut des morceaux de biscuits, pas de la poussière !

2 **Fais fondre ensemble,** le beurre, le chocolat et la mélasse dans un saladier placé au-dessus d'une casserole d'eau chaude. Remue bien le tout pour en faire un mélange luisant. Retire-le alors du feu.

3 **Une fois le saladier refroidi,** incorpore les biscuits, les raisins secs et les amandes. Veille à bien mélanger tous ces ingrédients. Ensuite, garnis ton moule de papier sulfurisé et verse le mélange dedans.

4 **Utilise un presse-purée** pour bien tasser la pâte dans le moule, puis place ton gâteau-frigo… au réfrigérateur, pour que la pâte durcisse. Découpe ensuite le gâteau en 24 morceaux. Si tu ne veux pas tout manger tout de suite, tu peux éventuellement en congeler quelques-uns dans une boîte hermétique ; tu pourras les consommer dans les mois suivants.

Pour 24 parts · 10 minutes · 1 heure

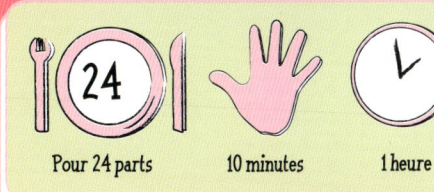

Pour que ça explose dans la bouche

Pour créer la surprise sous la langue, ajoute 50 g de sucre pétillant au terme de l'étape 3. Mais ne le dose pas tant que tu n'es pas prêt à l'utiliser, sans quoi tout son pétillant disparaîtrait.

115

Des couronnes meringuées

Ce magnifique dessert fait beaucoup d'effet au moment de le servir. La bonne nouvelle, c'est qu'il est beaucoup plus facile à préparer qu'il n'en a l'air ! Les couronnes sont de belle taille et offrent une portion pour deux personnes. N'hésite donc pas à inviter les copains pour en partager les délices.

Pour 6 personnes — 45 minutes — 2 heures

Pour la meringue
- 3 œufs
- 175 g de sucre en poudre
- Une pincée de sel

Pour la garniture
- 150 ml de crème fraîche épaisse, battue (optionnel)
- 1 nectarine
- 1 mangue
- 1 kiwi

Ustensiles
- Une plaque de cuisson
- Du papier sulfurisé
- 2 grands saladiers
- Un batteur électrique
- Une cuillère à soupe
- Une cuillère métallique
- Une poche à douilles
- Des gants de protection
- Une planche à découper
- Un couteau d'office

1
Garnis une plaque de cuisson d'une feuille de papier sulfurisé. Préchauffe ton four à 110 °C (Th. 3 ½). Sépare les blancs des jaunes d'œufs.

2
Dans un grand saladier, à l'aide d'un batteur électrique, bats en neige les blancs d'œufs additionnés d'une pincée de sel, jusqu'à ce qu'ils soient assez fermes pour former des pointes.

Un délice aux fruits rouges

Tu peux garnir tes meringues de tous les fruits que tu veux. Essaie donc un petit mélange de myrtilles, de framboises et de fraises ! Tu ne penseras plus qu'à une chose : y revenir, c'est sûr !

3
Une fois les blancs bien fermes, ajoute 5 cuillerées à soupe de sucre en poudre en l'incorporant à l'aide du batteur, cuillerée par cuillerée. Ajoute ensuite le reste de sucre en l'incorporant avec une cuillère métallique.

4
Sur le papier sulfurisé, trace trois cercles d'environ 10 cm de diamètre (en utilisant une soucoupe comme gabarit). Avec une poche à douilles, remplis de blancs battus les cercles dessinés en tournant en spirale. Puis garnis la périphérie de petites pointes de blanc d'œuf.

5
Place les meringues dans le four, à l'étage le plus bas, pendant deux heures. Vers la fin de la cuisson, commence à battre la crème fraîche jusqu'à ce qu'elle s'affermisse et tranche soigneusement les fruits. Garnis de crème battue et de fruits le centre des meringues.

Essaie d'autres baies

Si tu n'es pas grand amateur de myrtilles, remplace-les par des mûres, des canneberges, des fraises ou des framboises. Tu peux aussi, à la place du biscuit d'avoine, utiliser d'autres gâteaux croquants, comme le spéculoos, par exemple. De toute façon, quels que soient les ingrédients choisis, le résultat sera formidable.

Des verrines lactées aux myrtilles

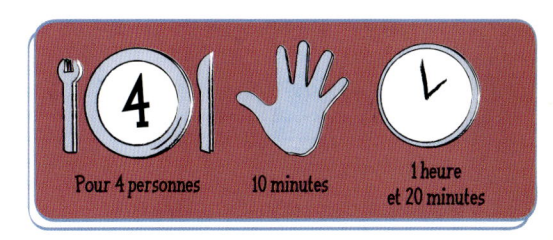

Pour 4 personnes — 10 minutes — 1 heure et 20 minutes

Voici encore un dessert qui fait forte impression sur la table, et pourtant facile comme tout à réaliser ! La présentation en verrines, c'est génial parce que tu vois les couches de fruits et de fromage se superposer dans les verres. Rien de tel pour t'exciter les papilles !

1
Verse les trois quarts des myrtilles et la moitié du sucre dans une petite casserole. Couvre la casserole et porte le mélange à frémissement pendant 5 minutes, le temps qu'il forme un coulis. Ajoute alors le reste des myrtilles, mélange et laisse refroidir.

2
Avec une cuillère en bois propre, bats ensemble le fromage blanc, la crème fraîche, le reste de sucre et l'extrait de vanille dans un petit saladier. Procède ainsi jusqu'à obtenir un mélange homogène et onctueux.

3
Remplis les quatre verres par couches en alternant une cuillerée de myrtilles dans leur coulis, une cuillerée de fromage battu et une cuillerée de biscuits écrasés, et ainsi de suite.

4
Une fois les verres remplis, place-les au réfrigérateur pendant une heure pour que l'ensemble se fige. Sors tes verrines au dernier moment, pour les servir bien fraîches

Ingrédients
- 500 g de myrtilles
- 2 cuillerées à soupe de sucre en poudre
- 250 g de fromage blanc
- 200 ml de crème fraîche
- ¼ de cuillerée à soupe d'extrait de vanille
- 8 biscuits d'avoine écrasés

Ustensiles
- Une petite casserole saucière
- Deux cuillères en bois
- Un petit saladier
- Une cuillère à dessert
- 4 verres

119

Un crumble aux flocons d'avoine

Un crumble aux fruits fait un dessert copieux qui te redonnera de l'énergie par une froide journée d'hiver. Traditionnellement, ce sont les pommes qui sont utilisées, mais tu peux aussi bien les remplacer par des poires ou des mûres… ou les deux.

1. Préchauffe ton four à 180 °C (Th. 6). Pour préparer le sablé, réunis dans un grand saladier la farine raffinée et la farine complète et mélange-les intimement avec une cuillère.

2. Ajoute le beurre et travaille-le dans la farine entre tes doigts jusqu'à ce que la préparation ressemble à une chapelure grossière. Mélanges-y ensuite le sucre, les graines et les flocons d'avoine et mets-la en réserve.

3. Pour préparer la garniture, pèle les pommes et découpe-les en quartiers. Retire les cœurs et découpe les quartiers en cubes.

4. Étale les morceaux de pommes dans le plat. Ajoutes-y les myrtilles, mélange-les bien et arrose le tout de la quantité de jus de pommes prévue. Saupoudre ensuite le sucre par-dessus.

5. À la cuillère, répands le sablé en une couche uniforme par-dessus, puis mets le plat au four. Laisse le crumble cuire 35 minutes jusqu'à ce que le dessus devienne croustillant et commence à brunir.

Des variantes

Le crumble est excellent également comme dessert d'été. Dans ce cas, essaie de le préparer avec des nectarines, des pêches, des prunes, de la rhubarbe ou des framboises. Tous ces fruits conviendront aussi bien. Tu pourras le servir avec de la glace en accompagnement.

Pour 6 à 8 personnes — 25 minutes — 35 minutes

Ingrédients

Pour le sablé
- 75 g de farine blanche raffinée
- 75 g de farine complète
- 75 g de beurre doux découpé en cubes
- 75 g de sucre roux
- 3 cuillerées à soupe de graines de tournesol
- 1 cuillerée à soupe de graines de sésame
- 3 cuillerées à soupe de flocons d'avoine

Pour la garniture
- 4 pommes à dessert
- 200 g de myrtilles
- 4 cuillerées à soupe de jus de pomme frais
- 1 cuillerée à soupe de sucre roux

Ustensiles
- Un grand saladier
- Une cuillère
- Un couteau d'office
- Une planche à découper
- Un plat à four de 900 ml
- Un petit pichet

Bouchées hawaïennes p. 42

Pains d'épices p. 104

Bouchées sandwich p. 44

Crudités p. 48

Gâteau-frigo p. 114

Meringues p. 116

Ce soir, ON FAIT LA FÊTE !

Mini-pizzas p. 42

Tartelettes aux fraises p. 96

Les versions miniatures de tes plats favoris et les petites choses qu'on peut manger avec les doigts sont idéales quand on reçoit ; pas besoin de dresser le couvert ! Voici quelques suggestions.

Un carton d'invitation surprise

1 À l'aide d'une pomme de terre découpée comme tampon, imprime d'abord quelques étoiles sur du carton léger. Une fois sèches, découpe-les en leur laissant une marge blanche.

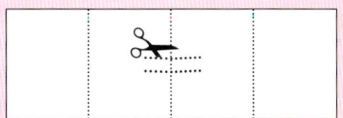

2 Plie en deux un long morceau de carton blanc de type bristol, puis à nouveau en deux. Lorsque tu les déplies, tu obtiens quatre faces de surface égale (comme ci-dessus).

3 Pratique deux coupures parallèles à cheval sur la pliure centrale (voir ci-dessus). Soulève cette bande afin qu'elle remonte lorsque tu plies la carte. Applique de la colle sur les deux faces extrêmes de la carte et colle-les en les repliant sur l'extérieur.

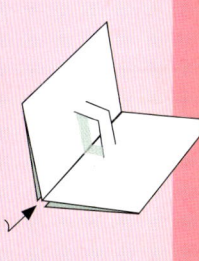

4 Colle une étoile sur la bande découpée. Finis de décorer tes invitations avant de les rédiger et de les envoyer.

Petits cadeaux persos

Dans des petits gâteaux de pain d'épices (voir p. 104) enfonce un bâton d'esquimau. Glisse ces « sucettes » dans un petit sachet en plastique et offre-les à tes convives.

123

Prépare UN REPAS COMPLET

Fais la démonstration de tes talents de grand chef de cuisine en préparant un repas complet pour tes copains ou ta famille. Choisis deux plats qui peuvent être cuisinés à l'avance. Et tiens compte des temps de préparation et de cuisson afin d'être sûr que tout soit prêt au moment de recevoir tes invités.

Pour attribuer les places

1 À l'aide d'une pomme de terre découpée comme tampon, imprime un motif (ici une fraise) sur du carton léger. Ajoute, si tu le souhaites, quelques détails de la pointe d'un pinceau.

Note : ici, les « pépins » ont été représentés en faisant quelques petits trous dans la pomme de terre.

2 Plie en deux un carré de carton et colle sur une des faces un rectangle de feuille blanche découpé aux bonnes dimensions. Pour finir, colle ton motif imprimé et écris le nom de ton invité.

Les touches finales

Il est temps de dresser la table. En plus des fleurs et du menu que tu auras réalisé de tes mains, utilise des couverts avec des manches en plastique aux couleurs joyeuses. Peins une fourchette en plastique à la peinture acrylique et, une fois sèche, orne-la d'un ruban et colle-la sur le menu

Un papier aux bords crantés fait toujours grand effet.

Au menu ce soir...

Entrée
Tartines de petites tomates fraîches à la mozzarella

Plat de résistance
Rigatoni alla bolognese

Dessert
Délice chocolaté parfumé à la menthe

Bruschettas aux tomates cerises p. 50

N'oublie pas d'orner
ta table d'une nappe,
de serviettes et de dessous
de plats colorés.

Quelques fleurs,
cueillies dans le jardin ou
achetées chez le fleuriste,
embelliront ta table.

Crème au chocolat mentholée p. 112

Élodie

Pâtes à la viande p. 56

Aujourd'hui, c'est PIQUE-NIQUE !

Cupcakes p. 100

Ne sois jamais à court d'idées pour un repas sur l'herbe – ou même pour un pique-nique à la maison si le mauvais temps contrarie tes projets. Tu n'as qu'à choisir dans ce livre : ce ne sont pas les recettes qui manquent !

Ne pas oublier...

- La nappe de pique-nique
- Les boissons
- Les assiettes en carton et les couverts en plastique
- Les serviettes en papier
- Le soleil !

Fabrique des drapeaux en papier

1 Il te faut un crayon, du carton souple coloré, des piques en bois, des ciseaux et de la colle. Plie le carton en deux et, à partir de la pliure, dessine des formes de drapeaux et découpe-les.

2 Peins des motifs de ton choix sur les drapeaux. Ouvre-les en deux, enduis l'intérieur de colle et colle-les autour d'une pique en bois. Tu n'as plus qu'à les planter fièrement sur tes plats.

Tarte aux légumes p. 78

Salade de pommes de terre p. 64

Brownies p. 106

Les crudités sont idéales pour accompagner un repas sur l'herbe.

Salade pique-nique p. 26

Pain italien p. 34

Poulet-barbecue p. 74

Utilise les drapeaux pour étiqueter tes plats, préciser ce qu'ils contiennent et s'ils sont végétariens ou non, par exemple.

127

Index

A
Abricot sec 99, 108
Agneau 52-53, 68, 77, 90
Amande 80, 81, 88, 89 114
Ananas 42, 43
Aubergine 58, 80-81

B
Bacon 14, 54, 83
Banane 16, 18-19, 110
Betterave 90
Biscuits 105, 114, 119
Bœuf, viande de
    Chilli con carne 70-71
    Mini burgers 72-73
    Pâté aux pommes de terre 68-69
    Pâtes à la viande 56-57
    Sauté de bœuf arc-en-ciel 86-87
Brochettes 76-77, 86
Brocoli 48, 90, 92, 93
Brownie 106-107, 127
Bruschetta 50-51, 124

C
Carotte 29, 48, 51, 54, 58, 68, 69, 91, 92, 93, 108-109
Champignon de Paris 43, 56, 68, 69, 77, 91
Chapelure 9, 61, 67, 72
Chocolat 109, 110
    Bouchées aux canneberges 98
    Brownies 106-107
    Cookies au 99
    Crème mentholée au 112-113
    Gâteau-frigo 114-115
    Yaourt Glacé 111
Citron 24, 26, 29, 45, 48, 67, 76, 77, 82, 88, 89, 92, 95, 102, 108, 109
Concombre 26, 48, 51, 60
Courge doubeurre 30-31, 91
Courgette 47, 58, 76, 77, 91
Crevette 77, 87
Cupcake 100-101

EF
Épinards 43, 51, 53
Focaccia 34-35
Fraises 19, 96-97, 117, 118
    Tartelettes aux 96-97
Framboise 9, 103, 110, 117, 118, 120
Friandises 100-101, 104, 110-111
Fromage
    Cheddar 26, 46, 50, 68, 69, 73, 79
    Feta 26
    Mozzarella 26, 42, 43, 50, 61
    Parmesan 57, 58, 59, 72, 83
    suisse 30, 46

G
Génoise 102-103
Gestes et techniques de cuisine 08-09, 10-11
Grenade 26

JK
Jambalaya 62-63
Jambon 25, 42, 44, 45, 50, 63
Kiwi 117

L
Laitue 24, 45, 46, 47, 48, 88, 89
Légumes 4, 5, 8, 9, 24, 47, 49, 51, 55, 60, 90-91
    Lasagnes végétariennes 58-59
    Tarte aux 78--79

M
Maïs 38-39, 67, 77, 79, 86
Mangue 19, 88, 98, 117
Marinade 4, 9, 46, 74, 76, 77, 83, 86, 87, 88, 95
Mélasse raffinée 20, 21, 104, 105, 114
Meringue 10, 110, 116--117
Miel 9, 16, 21, 30, 31, 74, 76, 80, 81, 83, 86, 104, 105
Muffin 108-109
Mûre 80, 118, 120
Myrtille 13, 16, 19, 98, 117, 118-119, 120, 121

N
Noisette 16, 21, 98, 99, 107, 108
Noix
    de cajou 21, 86
    de coco 84, 86
    de pécan 98, 107

O
Œuf 4, 10, 13, 14-15, 38, 61, 67, 72, 79, 98, 99, 100, 102, 103, 104, 105, 107, 108, 112, 117
    bouilli 14
    brouillé 14
    poché 15
    sur le plat 15
Oignon 9, 24, 26, 29, 30, 38, 46, 47, 51, 53, 54, 56, 58, 63, 67, 68, 69, 71, 72, 76, 77, 82, 85, 86, 90, 92, 95
Olive noire 24, 29, 34
Orange 19, 74, 83, 86, 108-109

P
Pain d'épices 104-105, 123
Pain naan 88, 89
Panais 90
Pâte 9, 10, 11, 98, 99, 108, 109, 114
    à cookie 98-99
    à cupcake 100
    à génoise 102
    à pain 32-33
    à pain d'épices 105
    à pizza 40-41, 42-43
    à tarte 79
    brisée 97
Pain italien 34-35
Petits pains de tournesol 36-37
Pâtes 5, 9, 57, 82, 83
    à la viande 56
    en salade à la tomate 57
    Lasagnes végétariennes 58-59
    Nouilles 85, 86
Pêche 19, 120
Petits pois 49, 63, 79
Pois chiches 53, 97
Poisson 4, 5, 8
    Croquette de 66-67
    Haddock 67
    Salade de thon 24-25
Pomme 54, 55, 98, 120-121
Pomme de terre 5, 64-65, 66, 67, 68-69, 78, 90, 91, 92, 93, 95, 123, 124
    Pâté aux 68-69
    Salade de 64-65
Poulet
    -barbecue 74-75
    Filets de volailles au grill 94-95
    Jambalaya 62-63
    mariné au curry 88-89
    rôti 92-93
    Saté de 76

R
Raisins secs 16, 21, 23, 88, 89, 98, 99, 114
Riz 5, 71, 85, 86
    Boules de 60-61

S
Salade 5, 22-23, 24-25, 26-27, 57, 64-65, 78, 95
    verte 9, 23, 61, 72, 78
Saucisse 54-55, 63
Semoule 23, 26
Soja, pousses de 84-85
Sucre glace 10, 97, 100, 101, 102, 103, 111, 112, 113

T
Tarte 78-79, 96-97
Thon 24-25
Tofu 5, 46-47, 63, 76, 87
Tomate 22-23, 28-29, 34, 41, 42, 43, 45, 51, 53, 54, 56, 57, 58, 63, 68, 69, 71, 72, 80-81, 82, 88, 89, 91
    cerise 24, 26, 34, 42, 43, 48, 50, 60, 77, 90, 95
Tournesol, graines de 36-37, 121

Z
Zeste 26, 67, 92, 102, 108